A Deus.
A meus caros pais, Odilon (in memoriam) e Sonia Gomes.
A meu irmão Paulo Augusto.
A Odette minha querida esposa.
A Laurinha e Bê, beijos.

Coleção Estado da Arte

BENCHMARKING E APRENDIZAGEM ORGANIZACIONAL

Estudo de Caso na Prodemge

Luiz Eduardo de Mello Gomes

Série FACE - FUMEC

Belo Horizonte - 2003

FUMEC
FACE

Editora C/ARTE

Autor:
Luiz Eduardo de Mello Gomes

Editor:
Fernando Pedro da Silva

Coordenador da coleção:
Antônio Eugênio de Salles Coelho

Conselho editorial:
Antônio Eugênio de Salles Coelho
Dimas de Melo Braz
Eliana Regina de Freitas Dutra
Lígia Maria Leite Pereira
Lucia Gouvêa Pimentel
Maria Auxiliadora de Faria
Marília Andrés Ribeiro
Marília Novais da Mata Machado
Otávio Soares Dulci
Regina Helena Alves da Silva

Revisão:
Luiz Eduardo de Mello Gomes

Projeto gráfico:
Christiane Netto
Daniela Marques

Capa:
Daniela Marques

Todos os direitos reservados. Proibida a reprodução, armazenamento ou transmissão de partes deste livro, através de quaisquer meios, sem prévia autorização por escrito.

Direitos exclusivos desta edição:

Editora C/ Arte
Av. Guarapari, 464
Cep 31560-300 - Belo Horizonte - MG
Pabx: (31) 3491-2001
com.arte@comartevirtual.com.br
www.comarte.com

Gomes, Luiz Eduardo de Mello, 1954-
    Benchmarking e aprendizagem organizacional : estudo de caso na Prodemge / Luiz Eduardo de Mello - Belo Horizonte: FUMEC-FACE, C/ Arte, 2003.
    112p. : il. - (Estado da Arte) (Série FACE-FUMEC)

ISBN : 85-87073-84-2

1. Benchmarking (Administração) 2. Aprendizagem organizacional 3. Eficiência organizacional 4. Companhia de Processamento de Dados do Estado de Minas Gerais - Administração I. Título II. Série. III. Série.

CDD: 658.406
CDU: 658.5

Sumário

AGRADECIMENTO 7
APRESENTAÇÃO 9
INTRODUÇÃO 11
1. FUNDAMENTAÇÃO TEÓRICO-EMPIRICA 15
1.1 - Benchmarking 15
1.1.1 - Histórico 15
1.1.2 - Conceito 17
1.1.3 - Tipos de Benchmarking 19
1.1.4 - Fases do Benchmarking 25
1.2 - APRENDIZAGEM ORGANIZACIONAL 27
1.2.1 - Histórico 27
1.2.2 - Conceito 29
1.2.3 - Abordagens em Aprendizagem Organizacional 31
1.3 - Benchmarking E Aprendizagem Organizacional 38
2. METODOLOGIA 43
2.1 - Delineamento da pesquisa 43
2.2 - Coleta e Análise de Dados 44
2.2.1 - Tipos de Dados 44
2.2.2 - Coleta dos Dados 45
2.2.3 - Análise dos Dados 45
2.3 - Limitações da Pesquisa 45
3. APRESENTAÇÃO E ANÁLISE DOS DADOS 47
3.1 - APRESENTAÇÃO DOS DADOS 47
3.1.1 - A PRODEMGE (Companhia de Processamento de Dados
do Estado de Minas Gerais) 47

3.1.2 - Caracterização do Processo de Criação das Unidades
Setoriais de Informática 51
3.1.3 - Criação da equipe 51
3.1.4 - Levantamento das Informações 52
3.1.5 - Delineamento dos Objetivos do PSI 52
3.1.7 - Abrangência da Organização 53
3.1.8 - Diagnóstico da situação atual 54
3.1.9 - Bases de dados 54
3.1.10 - Proposição conceitual da solução 55
3.1.11 - Visão Geral dos Sistemas 55
3.1.12 - Plataforma Tecnológica 55
3.1.13 - Especificação e Orçamentação dos Componentes 55
3.1.14 - Projetos 56
3.1.15 - Projetos e Serviços Associados 56
3.1.16 - Descrição Sumária dos Projetos 56
3.1.17 - Projetos/Serviços com oportunidade de Negócio 57
3.1.18 - Pontos Críticos 57
3.1.19 - Anexos – Classificação dos Projetos Propostos 57
3.1.20 - Implantação 57
3.2 - ANÁLISE DOS DADOS 59
3.2.1 - A Implantação do PSI como resultado do benchmarking 59
3.2.2 - Áreas de ocorrência do benchmarking 60
3.2.3 - Tipos de benchmarking realizados 60
3.2.4 - Propósito da realização do benchmarking 60
3.2.5 - Resultados do benchmarking 61
3.2.6 - Formalização 62
3.2.7 - Especialização 62
3.2.8 - Centralização 64
3.2.9 - Relação entre o Benchmarking e Aprendizagem Organizacional
na Prodemge 65
CONCLUSÕES E RECOMENDAÇÕES 69
REFERÊNCIAS BIBLIOGRÁFICAS 70
ANEXO 75

Agradecimentos

Ao término deste trabalho o autor agradece, em especial, às seguintes pessoas e instituições que colaboraram significativamente para a realização desta pesquisa:

Fumec (Fundação Mineira de Educação e Cultura), nas pessoas de seus diretores Antonio Eugenio Salles Coelho, Dimas de Melo Braz, Maria da Conceição Rocha e Roberto Uchoa pela amizade, carinho e pelo apoio material e financeiro dedicados a este trabalho e autor.

Prodemge – Companhia de Processamento de Dados do Estado de Minas Gerais pela permissão do uso de seu nome neste trabalho e também pela colaboração na obtenção dos dados constantes nesta dissertação.

Professora Andréa Steil, tutora de orientação desta pesquisa, pelas importantes contribuições e pelo apoio durante a realização do presente trabalho. Muito obrigado!

- Professor Raimundo Trindade Júnior pelo constante apoio, sugestões e amizade demonstrados.

- Odette Castro de Mello Gomes pela paciência demonstrada não só no decorrer da elaboração desta dissertação mas também por ocasião da obtenção dos créditos. Devo muito a você.

Apresentação

A atual sociedade vive da inovação. A princípio esse movimento é científico e tecnológico; aos poucos, ele atinge o campo organizativo, social e axiológico. Dentre as principais características da atual sociedade da inovação, destacam-se as transformações científico-tecnológicas que modificam o tipo de trabalho, as organizações, os valores sociais e as estruturas político-sociais. O capitalismo tem passado por um processo de reestruturação: flexibilidade de gerenciamento, descentralização e organização das empresas em rede, esfacelamento do "welfare state", integração global de mercados. O coroamento dessas mudanças bruscas é o sentimento de ameaça que paira sobre o ser.

Ao contrário das sociedades estáticas que fazem sempre o mesmo, e para as quais o futuro é sempre a repetição do passado, a sociedade dinâmica vive de inovar, e o futuro se decide no presente. É preciso que se avalie qual futuro é possível construir em uma sociedade dinâmica. Dentre os desafios desta nova era, destaca-se a necessidade de capacitar o indivíduo e as empresas a compreender situações mutáveis e complexas.

Urge às empresas se adaptar a este novo cenário. As grandes transformações sociais da atual sociedade têm aumentado as oportunidades empresariais de acesso à informação e ao saber. Isso implica a necessidade de modificar competências e sistemas de trabalho. O uso de técnicas de qualidade em empresas foi a resposta encontrada no setor empresarial para superar estes desafios e foi a grande marca do final do século XX.

O benchmarking é a mais recente destas técnicas . Seu objetivo é melhorar processos empresariais e aumentar a competitividade da organização. Esta é uma ferramenta direcionada a atingir metas de aprendizado. Ela encoraja as pessoas a pensar e melhorar o próprio desempenho e da organização como um todo. Em outros termos, ela cria uma cultura disposta a aprender.

Através do benchmarking identifica-se um padrão externo pelo qual as atividades da organização possam ser julgados e melhorados. Compara-se as operações da organização com operações similares externas para melhorar processos internos. Não se está falando de copiar outros modelos: o benchmarking é um processo sistemático de aprendizado no sentido de identificar as melhores práticas e idéias com objetivo de se auto-aperfeiçoar.

Luiz Eduardo defende, neste livro, a possibilidade das empresas aprenderem umas com as outras. Com a clareza de um professor experiente, ele estuda a relação entre a prática do benchmarking e a aprendizagem organizacional. Tendo como escopo a companhia de processamento de dados de Minas Gerais (PRODEMGE), Luiz Eduardo comprova que as empresas são entidades vivas que passam por um processo de interação. Na atual sociedade globalizada, as empresas devem ser modeladas a partir da interação com as outras.

Os moldes culturais estáticos e autoritários, sob o qual foram vertidas historicamente, fizeram da maioria das empresas brasileiras algo estático e autoritário. O livro de Luiz Eduardo pode ter um papel criador importante para superar esta realidade. Ele fala de um processo de refinamento de nossas práticas empresariais que pode conduzir a um novo acesso cognitivo e axiológico. Um processo que não termina em submissão ou cópia dos outros; mas em respeito e interesse pelo sucesso de outras empresas. O benchmarking deve se converter em guia para empresas que querem aprender a sobreviver neste mundo globalizado de intensa competição.

Renato Somberg Pfeffer
Professor da FACE-FUMEC

Introdução

O uso de técnicas aplicadas à qualidade nas empresas tem sido apontado na literatura especializada como um grande avanço surgido na década ora encerrada. Benchmarking é a mais recente das referidas técnicas que tem despertado o interesse empresarial. Camp (1989) destaca que a razão fundamental para a realização do benchmarking é aprender como melhorar os processos empresariais e aumentar a competitividade na medida em que esta atividade pode trazer retornos rápidos para a organização.

Para Watson (1994), a observação do sucesso em outra empresa garante confiança na empresa que faz o benchmarking no sentido de que se pode conseguir desempenho semelhante ou melhorado pela implementação de aperfeiçoamentos relacionados ao processo. Sem uma compreensão sobre os fatores que capacitaram o desempenho aperfeiçoado da empresa que se tem como referência, será difícil estimular o aperfeiçoamento semelhante no desempenho do processo.

Camp (1989) refere-se ao benchmarking como um processo positivo, pró-ativo e estruturado que conduz a mudanças nas operações, a um desempenho superior e uma vantagem competitiva. Trata-se da busca consistente de novas idéias para métodos, práticas e processos e de adoção das práticas, implementando-as para obter a melhor performance. Para Myers (1996), trata-se de uma nova maneira de estabelecer alvos operacionais com base nas melhores práticas com reuniões e atualizações constantes para assegurar a melhor maneira e mais estruturada para se obter superioridade em longo prazo.

Segundo Wick e Leon (1996), o benchmarking é uma ferramenta usada para ajudar o executivo a escolher e atingir metas de aprendizado.

Ela é usada para promover o aprendizado do funcionário ou, em se tratando de um cargo de direção, usada para acelerar o aprendizado dentro da organização. De acordo com os referidos autores, o segredo para incentivar o aprendizado organizacional é trabalhar com os gerentes para estabelecer metas e um método de relatar aos colegas aquilo que é descoberto. Dessa forma, as visitas de benchmarking ficam mais focadas e os principais aprendizados são mais bem definidos.

Na visão do empregado o aprendizado no trabalho é importante porque o capacita a enfrentar a próxima tarefa com maior habilidade, maior consciência pessoal e perspectiva mais ampla; leva ainda ao senso de controle, de propósito e de maior satisfação no trabalho. Sob a ótica da empresa significa um rápido aumento da participação no mercado além de permitir a empresa adaptar-se às mudanças de mercado, as ameaças da concorrência e de tirar proveito das novas tecnologias (Wick e Leon, 1996).

Para Allee (1997), o aprendizado é o processo de obter informação e saber aplicá-la nas necessidades de mudanças. Assim tem-se o ganho a medida em que se obtém novas informações e aumenta-se a compreensão de tal sorte que se possa fazer as coisas de uma forma melhor.

Objetivo Geral

Dentro deste contexto, tem-se como objetivo geral verificar qual é a relação entre a prática do benchmarking e a aprendizagem organizacional na Prodemge.

Objetivos Específicos

Em termos específicos, procurou-se alcançar os seguintes objetivos:
• Verificar as áreas nas quais a Prodemge já realizou benchmarking;
• Analisar quais foram os tipos de benchmarking realizados;
• Investigar qual foi o propósito da realização do benchmarking;
• Avaliar os resultados do benchmarking;
• Verificar se houve uma relação entre o benchmarking e a aprendizagem organizacional na empresa.

Justificativa Teórica e Prática

Wick e Leon (1996) definem o benchmarking como uma ferramenta direcionada a atingir metas de aprendizado. Uma organização que aprende não é um produto final mas um processo contínuo. Uma organização que aprende é uma organização criativa na aquisição do conhecimento e na modificação de seu comportamento para refletir as novas idéias. O benchmarking encoraja as pessoas a pensar, descobrir coisas por conta própria, de modo a melhorar o desempenho da organização.

Para Watson (1994), todo o aprendizado é um processo de descoberta do conhecimento, produção de ações e observação das conseqüências que levam ao conhecimento.

Liebfried e McNair (1994) definem o benchmarking como um processo de crescente percepção dentro de uma organização e de desenvolvimento de uma cultura disposta a aprender. O benchmarking fornece um estímulo externo encorajando um ambiente de aprendizado contínuo, tornando as empresas adaptáveis aos novos conhecimentos.

Em termos práticos, os resultados desta investigação poderão oferecer elementos para o entendimento a respeito dos resultados obtidos através do uso do benchmarking. Tal entendimento torna-se necessário, pois a adoção do benchmarking assim como de qualquer outra técnica de qualidade, requer ajustes e adaptações que precisam ser previstas e gerenciadas de forma a garantir a continuidade do processo.

Zairi e Leonard (1995), reforçam este aspecto, ressaltando que a utilização do benchmarking desafia a cultura vigente de trabalho e as metodologias e práticas científicas utilizadas.

Estrutura

Este livro foi estruturado em 6 capítulos, a saber: no primeiro capítulo contextualiza-se o benchmarking e a aprendizagem organizacional.

O segundo capítulo procura evidenciar os conceitos de benchmarking, aprendizagem organizacional e o benchmarking como forma de aprendizagem organizacional.

O terceiro capítulo focaliza os procedimentos de coleta e análise dos dados e a identificação dos tipos de dados utilizados.

O quarto capítulo contém a apresentação e a análise dos dados coletados conforme o referencial metodológico apresentado no capítulo terceiro, tendo como base a fundamentação teórico-empírica abordada no segundo capítulo deste trabalho.

Ao final são apresentadas as conclusões do trabalho e recomendações observadas.

1 - Fundamentação Teórico-Empírica

Neste capítulo são abordados os conceitos, os tipos e as fases do benchmarking. A seguir são apresentados os conceitos e as abordagens de aprendizagem organizacional. Finalmente apresentam-se os estudos que associam os conceitos de benchmarking e aprendizagem organizacional.

1.1. BENCHMARKING

1.1.1. Histórico

A referência ao uso de técnicas pré-benchmarking remete ao século passado através do trabalho de Frederick Taylor sobre a aplicação do método científico em empresas a que vem gerar comparações de processos de trabalho. De acordo com Stoner e Freeman (1985), Taylor baseou seu sistema de administração no estudo de tempos nas linhas de produção. Ao invés de confiar nos métodos tradicionais de trabalho, ele analisou e cronometrou os tempos dos movimentos dos operários siderúrgicos. Usando como base o estudo de tempos, ele dividiu cada função em seus componentes e projetou os métodos melhores e mais rápidos para executar cada um desses componentes. Com isso Taylor estabeleceu quanto os trabalhadores deveriam ser capazes de produzir com o equipamento e materiais disponíveis.

Por ocasião da Segunda Guerra Mundial torna-se prática empresarial as empresas compararem-se umas às outras a fim de determinar padrões para pagamentos, cargas de trabalho, segurança, higiene e outros fatores no âmbito empresarial (Watson, 1994). Drew (1997) cita que muitos exemplos de benchmarking podem ser encontrados na história econômica.

A industrialização nos Estados Unidos beneficiou-se da imitação dos conhecimentos da Inglaterra no tocante a tecnologias como a metalúrgica.

Por volta de 1885, engenheiros americanos visitaram a Inglaterra, copiaram e fizeram grandes mudanças nas máquinas para adaptá-las a diferentes preços de combustíveis e as características dos rios norte-americanos.

Segundo Camp (1998), a Xerox Corporation descobriu e aplicou o benchmarking no início de seu esforço para combater a concorrência. Em 1979, a Xerox deu início a um processo denominado benchmarking competitivo em suas operações de manufatura, para examinar seus custos unitários de fabricação. Foram efetivadas comparações de determinados produtos. As capacidades e características operacionais de copiadoras concorrentes foram comparadas e seus componentes mecânicos foram desmontados para análise. Esses primeiros estágios de benchmarking foram chamados de comparações da qualidade e de características de produtos.

O benchmarking surge, nas empresas de ponta, como uma ferramenta para a obtenção de informações necessárias para apoiar a melhoria contínua e obter a vantagem competitiva (Liebfried e McNair, 1994).

De acordo com Camp (1998), o benchmarking abrangente foi formalizado com a análise de copiadoras produzidas pela Fuji-Xerox, empresa japonesa associada à Xerox, e posteriormente de outras máquinas de fabricação japonesa. Essas investigações confirmaram que os custos de fabricação nos Estados Unidos eram substancialmente mais elevados. Quando o custo de fabricação foi completamente analisado, revelou que os concorrentes estavam vendendo máquinas a um preço igual ao que custava à Xerox produzi-los. Esta rapidamente tratou de adotar essas metas de benchmarking determinadas externamente para dirigir seus planos de negócios.

Após o uso da fabricação na identificação de novos processos e componentes de fabricação dos concorrentes, além dos seus custos, a alta gerência decidiu que o benchmarking fosse realizado por todas as unidades de negócios e centros de custos. Inicialmente somente poucas unidades operacionais usaram o benchmarking, mas em 1981 ele foi adotado como esforço abrangendo toda a corporação.

1.1.2. Conceito

Partindo de uma análise das atividades e práticas dentro da organização, o objetivo do benchmarking é o de compreender processos, ou atividades existentes e, depois, identificar um ponto de referência externo, ou padrão, pelo qual essas atividades possam ser medidas ou julgadas. Um benchmarking pode ser estabelecido a qualquer nível da organização, em qualquer área funcional. O objetivo é o de obter uma margem competitiva (Schonberger, 1990).

Segundo Kearns (1990), presidente da Xerox, benchmarking é o processo contínuo de medir produtos, serviços e práticas em relação aos mais acirrados concorrentes, ou àquelas empresas reconhecidas como líderes do ramo.

Spendolini (1992) define benchmarking como o processo de mensurar suas operações em confronto com operações similares no sentido de melhorar os processos de sua organização. O protótipo do benchmarking é o de melhorar a qualidade dos produtos e processos buscando atender da melhor maneira as necessidades do cliente.

Segundo Allee (1997), há uma concepção equivocada de que o propósito do benchmarking é o de copiar o que os outros estão fazendo. Benchmarking é um processo sistemático de aprendizado no sentido de identificar as melhores práticas, estratégias vencedoras e idéias novas que possibilitam performances superiores, com o propósito de repensar e melhorar as próprias práticas. O benchmarking auxilia as pessoas a descobrirem novas perspectivas e visões que podem conduzir a diferentes maneiras de trabalhar.

Liebfried e McNair (1994) afirmam que o benchmarking identifica lacunas no desempenho e oportunidades de aperfeiçoamento, e também lança uma nova luz sobre os métodos antigos. O objetivo predominante do benchmarking é identificar a melhor prática. Para que essa técnica tenha sentido, ela tem de ser aplicada ao processo de criação de valor, ajudando a priorizar as oportunidades de melhoria, e a aumentar o desempenho em relação às expectativas do cliente. Justificando porque fazer o benchmarking, afirmam os referidos autores:

- O benchmarking sinaliza a disposição da gerência de perseguir uma filosofia que abrace a mudança de forma pró-ativa, em vez reativa;
- Estabelece objetivos e medidas de desempenho significativas que refletem um enfoque externo/voltado ao cliente, fomenta o pensamento em saltos quânticos e enfoca oportunidades de elevado retorno; e
- Promove o trabalho de equipe baseado na necessidade competitiva e orientado pelos dados, e não pela intuição.

Neste contexto, uma empresa pratica o benchmarking porque deseja atingir uma capacidade competitiva de nível internacional, porque deseja prosperar em uma economia global e porque deseja sobreviver.

Camp (1998) define benchmarking como uma maneira de fazer negócios. O benchmarking gera uma visão externa para assegurar a precisão da fixação de objetivos. Trata-se de uma abordagem gerencial, que conduz ao trabalho em equipe dirigindo a atenção para práticas empresariais que visam a manutenção da competitividade. Drew (1997) define benchmarking como a arte de descobrir, de uma forma legal, como outras empresas fazem alguma coisa melhor do que a sua faz – de tal maneira que você possa não apenas imitá-los, mas melhorar suas práticas em relação a seus concorrentes. Para Watson (1994) benchmarking é um processo sistemático e contínuo de medidas de um processo que mede e compara continuamente os processos empresariais de uma organização em relação a líderes de processos empresariais em qualquer lugar do mundo, a fim de obter informações que podem ajudar a organização a agir para melhorar seu desempenho.

Menachof e Wassenberg (2000), definem benchmarking, como uma poderosa ferramenta usada no sentido de aumentar a qualidade do serviço. Segundo os autores muito se tem escrito a cerca de benchmarking; entretanto há muita confusão a cerca do que é benchmarking. A confusão decorre do fato de que qualquer forma de comparação de processos é chamada benchmarking. Mas benchmarking segundo os autores é muito mais do que apenas mensurar processos.

Os dois elementos chaves são mensuração e melhoria de processos internos através da busca da excelência pelo aprendizado das melhores práticas em nível mundial.

Para Morling e Tanner (2000), realizar benchmarking é muito mais do que visitar outras empresas. Em primeiro lugar deve-se fazer um profundo estudo dentro da sua própria empresa. Desta forma torna-se mais fácil comunicar-se com as outras empresas.

Segundo os autores algumas regras devem ser seguidas:
- O contato pessoal com os futuros parceiros, seguido de um envio de um questionário inicial contribui para altas taxas de retorno e alto grau de envolvimento no tocante a participação no processo de benchmarking.
- Uma sistemática seleção de parceiros para realizar o benchmarking também contribui para o sucesso do trabalho.
- A gravação das conversas (com prévia permissão dos parceiros de benchmarking) durante as visitas é benéfico no sentido de garantir que não haja perda de dados.

1.1.3. Tipos de Benchmarking

De acordo com Drew (1997), existem 3 tipos de benchmarking: Benchmarking por processo, que é usado para comparar operações, práticas de trabalho e processos de negócios. Um segundo tipo, o benchmarking por produto/serviço, é usado para comparar produtos e/ou ofertas de serviços. Benchmarking estratégico, o terceiro tipo, é usado para comparar estruturas organizacionais, práticas gerenciais e estratégias de negócios.

Liebfried e McNair (1994) apontam o benchmarking de estratégias funcionais para entender como determinadas companhias ganham vantagem competitiva. A idéia das estratégias de benchmarking estende-se bem além da análise dos concorrentes e focaliza-se em estratégias de quase todas as organizações que estabeleceram uma reputação de excelência. O foco do benchmarking estratégico está sempre numa área funcional em particular, e não na estratégia geral da corporação ou indústria. Funções nas quais é comum se fazer o benchmarking na área de estratégia incluem a distribuição, as operações de fabricação, o marketing, os recursos humanos e as finanças. Nestas investigações a ênfase não está em programas particulares, em práticas de negócios ou em processos de trabalho, mas sim, nos princípios de negócio mais amplos e nas premissas que estimulam a criação e a manutenção daqueles programas, práticas e processos. Além das estratégias em si, o processo de planejamento estratégico está freqüentemente sujeito à atividade de benchmarking. Esse assunto não apenas envolve o processo de estabelecimento de um plano básico, como também considera o modo como as organizações reagem estrategicamente a mudanças como a introdução de novas tecnologias, ações competitivas e oportunidades de mercado.

Os três tipos de benchmarking, conforme Drew (1997), não são exclusivos. Benchmarking por produto, por exemplo, pode requerer o exame do processo de entrega do referido produto. Ou ainda, a prática gerencial pode ser estudada em paralelo com as operações e processos do negócio em questão.

Tabela 1 – Tipos de Benchmarking

	Informal	Semi-Formal	Formal
Freqüência	Irregular	Freqüente	Contínuo
Organização	Individual ou grupos de trabalho	Equipes criadas por função	Equipes formais e especialistas
Relação com outros sistema	Pequeno	Algum	Muito grande
Finanças	Sem previsão Orçamentária	Depende do escopo do projeto e porte	Há previsão orçamentária e controle de projeto
Metodologia	Informal	Parcialmente desenvolvida	Bem desenvolvida
Fontes de dados	Entrevistas informais e pesquisa na literatura	Regular coleta de dados	Pesquisa, coleta e análise de dados
Integração	Esporadicamente ligado a outras atividades	Parcialmente integrado	Integrado com o trabalho diário

Fonte: (Drew, 1997, p 428)

O benchmarking pode ser realizado em diferentes unidades da organização em exame, junto a competidores em mercados geográficos distintos e também em firmas em outros países. De forma similar, mais que um tipo de parceiro pode ser usado. Cada tipo de benchmarking mencionado, segundo Drew (1997), pode ser realizado de 3 maneiras: informal, semi-formal e formal. A tabela 1 (página 24) ilustra estas 3 maneiras.

Segundo Camp (1998), existem pelo menos quatro tipos de benchmarking: 1) benchmarking com operações internas ou benchmarking interno, 2) benchmarking com concorrentes diretos externos ou competitivos, 3) benchmarking com as melhores operações externas ou os líderes da indústria (benchmarking funcional), e 4) o benchmarking de processos genéricos. Cada um tem benefícios e deficiências e, em certas condições, pode ser mais adequado um que o outro.

Spendolini (1992) diz que o benchmarking interno ou benchmarking com operações internas é a análise da prática em diferentes departamentos ou divisões da organização, procurando-se o melhor desempenho e identificando-se as atividades de linha de base e propulsores. Propulsores são as causas de trabalho; os desencadeadores que põem em movimento uma série de ações, ou atividades, indo ao encontro das solicitações ou exigências dos acionistas.

Ao praticar o benchmarking interno, a gerência está olhando para baixo, examinando-se primeiro antes de buscar informações externas. Para Camp (1998), na maioria das empresas multidivisionais ou internacionais existem funções semelhantes em diferentes unidades operacionais. Uma das investigações mais fáceis de benchmarking é comparar essas operações internas. Os dados e informações devem ser facilmente disponíveis e não há problemas de confidencialidade. Não deve haver diferença de dados. Para Zairi e Leonard (1995), o benchmarking interno, embora seja fácil, pode ser extremamente difícil de aplicar. Questionam os autores: como comparações objetivas podem ser realizadas onde diferenças culturais poderiam distorcê-las (se, por exemplo, uma empresa opera na Finlândia, Brasil e na Alemanha).

A segunda forma de benchmarking, o benchmarking com concorrentes diretos ou competitivos, pode ser utilizado como um modo de informar às pessoas quão bem ou mal elas estão se saindo contra a concorrência direta (Zairi e Leonard, 1995). Para Camp (1998), deve-se tomar cuidado para compreender onde as operações de um concorrente não são verdadeiramente comparáveis. O porte das operações pode afetar a comparabilidade. O porte, medido pela produção, pode refletir as diferenças de se comparar uma função como logística de uma grande empresa com uma operação logística executada para produtos semelhantes, mas de uma empresa muito menor.

Segundo Zairi e Leonard (1995), a principal desvantagem desta forma de benchmarking é que pode ser difícil ou mesmo impossível obter informações sobre os processos ou metas da concorrência. Informações dos clientes, obtidas através de pesquisas anônimas conduzidas por consultores independentes, podem prover excelentes indicadores de desempenho da empresa contra sua concorrência, e este é um método usado para fazer frente à desvantagem mencionada. Para Spendolini (1992), uma vantagem de se fazer benchmarking de concorrentes é que eles podem ter executado seus próprios estudos de benchmarking, e estejam dispostos a trocar informações.

Cooke (1995) entende que o benchmarking competitivo lança o olhar para fora a fim de identificar o desempenho de outros concorrentes diretos. Conhecer as forças e as fraquezas dos concorrentes é um importante passo no traçado de uma estratégia vitoriosa.

O benchmarking funcional, segundo Zairi e Leonard (1995), compara funções específicas com o melhor do setor e o melhor entre empresas de porte similar. Uma grande vantagem desta abordagem é a maior facilidade de obter acesso a informações de empresas que não competem diretamente por representarem menor ameaça e, além disso, há uma probabilidade maior de se forjarem alianças com benefícios mútuos de aprendizado. A maioria das organizações parece disposta a compartilhar informações se abordada de maneira profissional e informada sobre o propósito do questionamento. Adicionalmente, uma fonte de inspiração vinda de outra empresa pode representar desafios a pressupostos existentes e levar a novas soluções. Há, entretanto, a limitação de que, como se relaciona exclusivamente com funções específicas, o benchmarking funcional pode não trazer benefícios a outras operações da empresa analisada.

Para Camp (1998), não é muito difícil identificar empresas líderes em determinadas funções. A empresa que tem as melhores práticas de controle de estoques e aquela com o melhor sistema de manuseio em armazéns podem ser descobertas em conversas com fornecedores de software e hardware, ou com consultores especializados nessa área. Um aspecto particularmente importante dessas investigações é identificar se os líderes da indústria são guiados pelas mesmas exigências dos clientes, tais como alto nível de satisfação.

As operações precisam ser comparáveis do ponto de vista logístico. Isto é, se está sendo investigado o manuseio de produtos, então as operações devem ter produtos com características de manuseio semelhantes. Estas características geralmente são, normalmente, tamanho, forma, peso e fragilidade. Se estes forem comparáveis, o benchmarking de líderes, mesmo em indústrias diferentes, poderá ser altamente produtivo.

Zairi e Leonard (1995) enfatizam que, conforme o entendimento e o uso do benchmarking nas diferentes formas previamente descritas cresceram, ficou evidenciado que quanto mais genérica a abordagem do benchmarking como um todo, mais inovadores tendem a ser os resultados.

Benchmarking genérico é similar a benchmarking funcional em vários aspectos, exceto pelo fato de que focaliza processos de negócio multifuncionais – os processos que estão no coração dos negócios. Uma vez que os processos críticos de negócio tenham sido identificados, estes podem tornar-se objeto de benchmarking com qualquer organização, independente de tamanho, setor industrial ou mercado, desde que processos genéricos similares lá existam.

Segundo Camp (1998), o benchmarking genérico é a mais pura forma de benchmarking. Através do uso dele é possível a descoberta de práticas e métodos ainda não implementados na indústria do investigador. Podem ser descobertas tecnologias e práticas comprovadas e facilmente transferíveis, necessitando de pouca ou nenhuma adaptação. O benchmarking genérico tem potencial para revelar as melhores das melhores práticas. A maior necessidade é de objetividade e receptividade por parte do investigador. Não se pode obter uma prova melhor da possibilidade de implementações de que uma tecnologia já comprovada e em uso por outra empresa. O benchmarking genérico requer uma conceituação ampla e uma cuidadosa compreensão do processo. É o tipo de benchmarking de aceitação e uso mais difíceis, mas com o mais alto potencial de retorno a longo prazo. Spendolini (1992) enfoca que é improvável que uma empresa consiga maximizar o potencial do benchmarking genérico até que ela entenda profundamente e tenha realizado anteriormente o benchmarking interno, competitivo e funcional.

Segundo Spendolini (1992), o benchmarking pode ser feito de quase tudo que possa ser observado e medido. Para Watson (1994), os produtos e serviços acabados que são oferecidos no mercado a clientes externos são alvo comum para o benchmarking. Quase sempre esses bens acabados são observados em seu estado de varejo e não dentro do processo de produção. Esses produtos e serviços estão facilmente disponíveis para análise. Freqüentemente, características de produto ou serviço são assuntos de benchmarking em vez, ou além, de todo o produto ou serviço. Esses recursos usualmente influenciam na diferenciação do produto no mercado. Eles podem estar incorporados ao produto ou serviço em si ou ser recursos que acompanham o produto ou serviço.

Para Camp (1998), se produtos e serviços definem o que do benchmarking, os processos de trabalho definem o como – ou seja, como os produtos ou serviços são produzidos e como são os processos de suporte a estes. Faz-se o benchmarking dos processos de trabalho em um esforço para estabelecer uma compreensão dos processos de projetos, dos processos de produção, do projeto do local de trabalho, do equipamento usado para fabricação e testes, dos métodos de trabalho, da aplicação de tecnologias específicas e da distribuição. O benchmarking dos processos de trabalho é freqüentemente assunto de investigações quando se examinam as organizações fora de sua área competitiva. Depois que uma organização estabelece uma reputação de produzir bens ou serviços com nível mundial de qualidade, gera-se muito interesse com relação a como essa reputação foi adquirida. Muito desse interesse vem das organizações que se engajam em tipos totalmente diferentes de negócios. A crença que move esse interesse é que processos de trabalhos excelentes produzirão produtos e serviços excelentes em praticamente qualquer indústria na qual eles sejam aplicados.

Segundo Zairi e Leonard (1995), as funções de suporte quase sempre envolvem os processos de benchmarking e os procedimentos que não estão diretamente relacionados à produção real dos produtos ou serviços oferecidos aos clientes externos. Essas funções incluem as atividades de departamentos, como finanças, recursos humanos, marketing e serviços. As áreas de investigação, neste caso usualmente envolvem as atividades que suportam os empregados e os clientes internos.

Para Camp (1998), os indicadores específicos de desempenho organizacional (resultados finais que definem o sucesso de uma organização) – custos (despesas) e receita (renda), são também assunto das investigações de benchmarking. Os dados de desempenho dos concorrentes ou das companhias excelentes são suficientemente estimulantes para encorajar uma análise mais completa dos produtos/serviços, dos processos empregados para produzir tais resultados e dos sistemas de apoio exigidos para manter níveis excelentes da qualidade dos produtos e serviços.

1.1.4. Fases do Benchmarking

Para Drew (1997), são 5 as fases a serem trabalhadas por ocasião de se fazer um benchmarking: a primeira delas consiste em determinar o produto ou processo alvo do benchmarking. A segunda fase está associada com a montagem da equipe, identificando o gerente do projeto e, se necessário, clientes. Através da terceira fase identificam-se os parceiros no processo de benchmarking, avaliando-se neste caso se serão outras firmas, outras indústrias, ou ainda, parcerias internas. A coleta e análise das informações para benchmarking são o objetivo da quarta fase. Para tal usa-se engenharia reversa, mapeamento de processos e métricas para avaliação de performance. A quinta e última fase é a da ação, isto é, implementando as ações, elaborando relatórios de acompanhamento e identificando melhoramentos a serem efetuados. A figura 1 identifica graficamente estas cinco etapas:

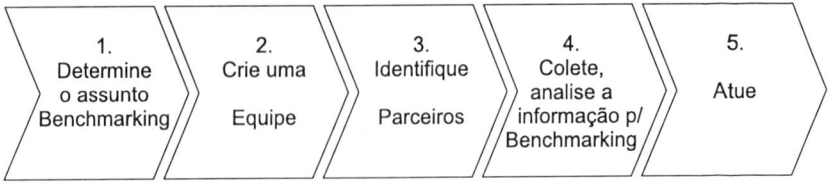

Fonte: Drew (1997)

Figura 1: Fases do Benchmarking segundo Drew

De acordo com Camp (1998), o processo de benchmarking também consiste em cinco fases, ligeiramente diferenciadas. O processo se inicia com uma fase de planejamento e prossegue através de análise, integração, ação e finalmente maturidade.

O objetivo da fase de planejamento é planejar as investigações de benchmarking. Os passos essenciais são aqueles de qualquer desenvolvimento de um plano – o que, quem e como. A seguir vem a fase de análise que deve envolver uma cuidadosa compreensão das práticas correntes nos seus processos, bem como daquelas de seus parceiros. Integração é o processo que usa as descobertas do benchmarking para fixar as metas operacionais das mudanças. Ela envolve um planejamento cuidadoso para incorporar novas práticas à operação e assegurar que as descobertas sejam incorporadas a todos os processos formais de planejamento.

As descobertas do benchmarking e os princípios operacionais nele baseados devem ser convertidos em ações para implementação. Além disso, é necessário que haja medições e avaliações de realizações periódicas. A última fase, maturidade, será alcançada quando as melhores práticas da indústria estiverem incorporadas a todos os processos da empresa assegurando assim a melhora no todo.

Segundo Zairi e Leonard (1995) a metodologia utilizada pela Price Waterhouse envolve 5 fases, a saber: identificação, análise, planejamento, implementação e avaliação. Através da primeira fase identificam-se as funções e variáveis-chaves a serem medidas, determina-se com que comparar e estabelece-se uma metodologia de coleta de dados. Através da fase de análise é mensurado o desempenho da empresa e confronta-se com as concorrentes. Através do planejamento comunicam-se as descobertas efetuadas e desenvolve-se planos de ação. Implementar ações e monitorar o progresso é o trabalho a ser executado na fase de implementação. Finalmente, na avaliação se faz o acompanhamento constante ao longo do tempo das funções e variáveis-chaves que passarem pelo benchmarking.

1.2. APRENDIZAGEM ORGANIZACIONAL

1.2.1. Histórico

Para se ter sucesso ao definir o futuro de uma organização, é necessário desenvolver uma organização que aprenda eficientemente e constantemente. Tal aprendizado é crítico, uma vez que a competição obriga a mudanças constantes e ajuste a estas mudanças. É necessário tentar novos procedimentos e determinar o que trabalhar e o que não trabalhar, incrementar o que está dando certo e abandonar o que não funciona. Agindo assim, estar-se-á construindo um novo ciclo de aprendizado (Nolan, Goodstein e Pfeiffer, 1993). Nas palavras de Naisbitt (1990, p 48):

> *"em um trabalho que está constantemente mudando, não há um assunto ou conjunto de assuntos que irão servir indefinidamente para o resto da vida. A mais importante habilidade a adquirir é a de aprender como aprender".*

A questão da aprendizagem organizacional inicialmente levantada por Argyris e Schôn (1992) se dá através da seguinte pergunta: o que é uma Organização e o que ela deve aprender?

Desde esta questão, muitos esforços têm sido realizados para definir e categorizar aprendizado e para explorar as várias dimensões do aprendizado. Uma primeira questão foi realizada por Revans (1982), um físico que se tornou gerente. Durante a segunda guerra mundial enfrentou as turbulências organizacionais nos Campos de carvão na Inglaterra. Revans e seus companheiros administradores tiveram de se adequar às rápidas mudanças trazidas por ocasião da guerra. Descobriram que não havia especialistas no assunto ou um conjunto de conhecimentos que pudesse dar a resposta a tais mudanças.

Revans (1982) concluiu então que as organizações que não aprendessem e adaptassem rapidamente em função das mudanças estariam fracassadas. A partir daí forma equipes concentradas na geração do aprendizado ao invés de usar o conhecimento pré-existente. O referido autor introduz o aprendizado valendo-se do pensamento: *"Em época de mudanças, amanhã é necessariamente diferente de ontem e assim novas coisas necessitam ser feitas e questões precisam ser respondidas antes que soluções sejam solicitadas"* (Revans, 1982 p56). O autor cria uma fórmula para gerar o aprendizado, isto é, Aprendizado que é igual a P + Q. O "P" está associado ao aprendizado e é obtido através de livros, leituras ou fontes secundárias, enquanto o "Q" representa o aprendizado que advém de questões formuladas através da visão ambiental, e conclusões discutidas ou desenhadas baseadas na experiência. Conforme o autor a ação de aprendizado se dá inicialmente nos elementos contidos em "Q". Sua idéia básica consiste em organizar equipes onde cada uma delas têm duas missões: a primeira de resolver o problema em questão ou completar o projeto planejado; a segunda missão a de aprender com o serviço. Uma vez concluída esta etapa, o aprendizado é escrito, compartilhado e submetido a todos os funcionários.

Outro passo na evolução da aprendizagem organizacional pode ser encontrado no trabalho de Geus (1997). Enquanto atuava como coordenador da área de planejamento mundial da Shell, Geus conclui que a expectativa de vida média da maioria das companhias, do nascimento até a morte, era menor que 40 anos, ainda que existissem empresas vivas e vigorosas após mais de 200 anos. O autor afirma que a maioria das corporações morre prematuramente pela falta de habilidade no aprendizado. Elas são de alguma maneira incapazes de se adaptar e de agir sobre as mudanças mundiais que acontecem em volta delas, ao passo que as sobreviventes possuem características comuns que as mantém vivas; sensibilidade a mudanças ambientais, o que representa a habilidade em aprender; um forte grau de coesão e identidade (cultura); tolerância para novas e diferentes maneiras de pensar ou agir (freqüentemente associada com a descentralização), o que fornece uma abertura para o aprendizado e cria uma habilidade em olhar objetivamente a organização como um todo.

1.2.2. Conceito

De acordo com Senge (1990), organizações que aprendem são aquelas onde as pessoas continuamente expandem sua capacidade de criar novos padrões de pensamento e onde aprendem, continuamente, a trabalhar em equipe. Uma organização que aprende nunca é um produto final mas um processo contínuo.

Garvin (1993) reconhece que uma organização que aprende não apenas cria novos modos de pensar; ela aplica o novo conhecimento de modo que o trabalho seja realizado diferentemente. Uma organização que aprende é uma organização habilidosa na criação, aquisição e transferência de conhecimento e na modificação do seu comportamento para refletir o novo conhecimento e as novas idéias. Essas atividades de aprendizagem resultam em organizações mais inteligentes. A organização mais inteligente facilita a aprendizagem de todos os seus membros e continuamente se transforma. A organização encoraja as pessoas a pensar e descobrir coisas por conta própria, de modo a melhorar a eficácia de uma organização. Inclui deixar que as pessoas tentem esses novos comportamentos e, ocasionalmente, que cometam erros. Freqüentemente esses erros criam oportunidades para que a aprendizagem real aconteça.

Muitas organizações demonstram a habilidade de aprender os processos necessários para se tornar organizações que aprendem. Nessas organizações, a habilidade de aprender não é medida pelo que a organização ou o gerente sabe (isto é, o produto do conhecimento), mas, principalmente, por como a organização ou o gerente aprende – o processo de aprendizagem.

De acordo com Weick e Westley (1996), organização e aprendizado são processos antitéticos, o que significa dizer que a expressão aprendizado organizacional é um axímoro. Significa dizer que para aprender é necessária a desorganização e para organizar é necessário o esquecimento. No sentido de compreender o aprendizado, teóricos organizacionais freqüentemente não percebem tal distinção, o que explica porque eles nunca estão certos se aprender é uma coisa nova ou simplesmente uma troca organizacional.

Segundo McGill e Slocum (1995), uma cultura de aprendizagem não é capturada em definições de tarefas com slogans criados por firmas de consultoria, como se evidencia nas práticas diárias de uma empresa – seus ritos e rituais, os heróis que ela reverencia, as lendas que ela sempre relembra. Em uma empresa com uma cultura de aprendizagem, todos – gerência, empregados, clientes, fornecedores – sentem que há oportunidades para aprender e crescer. Claramente, para contar com uma cultura de aprendizagem, as organizações precisam deixar de lado valores anteriores e práticas gerenciais, mesmo aquelas que podem ser bem sucedidas. As organizações precisam desaprender para que a organização que aprende possa emergir. As características estruturais de uma organização que se vale da aprendizagem são a permeabilidade, a flexibilidade e a sua integração em rede.

Todas as fronteiras, em uma organização mais inteligente, são altamente permeáveis para maximizar o fluxo de informações e para abrir a organização as suas experimentações. As linhas limítrofes entre a gerência e os empregados, entre os departamentos, entre os empregados e os clientes, entre a empresa e seus vendedores, e ainda entre a empresa e seus concorrentes, não são nítidas. A estrutura usada é ditada pela necessidade de aprender a respeito da tarefa. O princípio que dirige a organização é colocar os recursos necessários nas mãos das pessoas que precisam deles. A medida que as necessidades e as pessoas mudam, a estrutura muda. A interligação em rede torna possível para organização monitorar, constantemente, as necessidades e as pessoas em processos de mudança. McGill e Slocum (1995).

Nolan, Goodstein e Pfeiffer (1993), sugerem que o aprendizado organizacional emerge quando os empregados tornam-se motivados acerca do processo de aprendizado porque aprendizado traz aprendizado. A curiosidade fará com que as pessoas explorem maneiras de executar seu trabalho mais eficientemente. Segundo os autores, a razão de haver aprendizagem organizacional não é a de criar um grupo de pessoas que gostam de trabalhar em conjunto, mas sim manter as funções vitais da organização, isto é, a de aprender como melhor servir seu mercado e os consumidores que constituem este mercado.

1.2.3. Abordagens em Aprendizagem Organizacional

De acordo com Antonello (2000), as organizações se encontram frente ao desafio de alcançar resultados eficientes e eficazes face às novas exigências do mercado global que tem sido impostas pelas mudanças sociais, políticas, econômicas e tecnológicas. Assim, torna-se extremamente importante para a sobrevivência das organizações, que estas se tornem aprendizes eficientes, sendo capazes de se adaptar à rápida alteração de condições em seu ambiente interno e externo, gerando a inovação que lhe dará vantagem competitiva, permitindo sua sobrevivência. A tipologia do aprendizado organizacional, segundo a referida autora, sofre da falta de consenso no tocante à sua definição. Dependendo da abordagem do autor ou do problema específico que a organização tenta resolver através do aprendizado, a tipologia apresenta natureza diferenciada. Assim o elenco de teorias de aprendizagem organizacional apresentado a seguir foi selecionado no intuito de facilitar a verificação empírica da pergunta de pesquisa desta dissertação.

Wick e Leon (1996) identificam 5 ferramentas a serem utilizadas para o aprendizado organizacional: visualização, escada do aprendizado, estrela do aprendizado, aprendizado através de erros e benchmarking. Segundo os autores, Visualizar significa voltar-se para oferecer valor superior aos mercados ou clientes com os quais a empresa trabalha, isto é, ter um desempenho melhor que a concorrência ou ainda melhorar o desempenho atual da empresa. Portanto, antes de começar deve-se identificar os clientes e uma idéia clara do valor superior que será oferecido.

A escada do aprendizado é uma ferramenta de diagnóstico para ajudar a determinar qual é a posição atual da empresa em relação ao aumento da capacidade desejada e corrigir os desvios de programação. O aprendizado começa com o reconhecimento da necessidade de aprender. Há três situações comuns que levam as pessoas a admitir que não sabem tudo: a existência de um desafio ou problema árduo que elas não têm meio de solucionar; o reconhecimento de que algo não foi bem ou as expectativas não foram concretizadas; a consciência de que elas não sabem o suficiente para garantir o sucesso no futuro. Prosseguindo, a demonstração da vontade de aprender, ou seja, a vontade de empregar o tempo disponível para melhorar a forma de trabalhar.

Existindo a vontade de aprender, o passo seguinte consiste em determinar as prioridades, isto é, a decisão do que aprender. O aprendizado sempre pode tomar muitos rumos. Para tal recomenda-se que seja elaborada uma lista de tudo que seria interessante aprender classificada por ordem de prioridade. A seguir, a escolha de como aprender, correspondendo a seleção de uma meta de aprendizado. O bom aproveitamento do tempo é de fundamental importância para o sucesso da empreitada; caso não esteja havendo avanços como era esperado, deve ser revista a meta utilizada para o aprendizado. Saber discernir entre aprender em função das necessidades que são prementes no momento e de habilidades que serão necessárias para o sucesso futuro é o próximo passo, batizado pelos autores como fazer acontecer. As pessoas que aprendem pouco, deixam sistematicamente a determinação das prioridades ao sabor dos acontecimentos e de outras pessoas. As boas intenções nunca saem do terreno das boas intenções e não se transformam em realizações concretas e sólidas. O impulso de aprender o que se quer precisa ser maior do que tudo que se possa desviar da meta proposta. Finalmente, a arte de por em prática o aprendizado, o que vale dizer "Use o que aprender".

A terceira ferramenta, a estrela do aprendizado, compõe-se de cinco elementos ou estratégias do aprendizado: pensamento, auto-exame, ação, observação e estudo/contato com as pessoas.

Pensar é conceituar um problema e sua possível solução. Trata-se do raciocínio do aprendizado, que é ativado com mais freqüência no contexto da escola. É a criação de quadros cognitivos daquilo que pode ser o futuro. O auto-exame permite a identificação dos pontos fortes e fracos dos gerentes envolvidos no aprendizado. Permite, outrossim, uma crítica construtiva do que se está sendo feito. A seguir, vem a ação, que é o ato de por em prática o que até então estava sob a forma de pensamento. A observação e estudo são as próximas etapas, que consiste em conhecer-se o porque, o como e o que. Isto ajuda as pessoas a criarem mecanismos para tornar inteligíveis determinadas atitudes que podem ser restritas no futuro. O contato com as pessoas representa a última estratégia a ser aplicada através desta ferramenta. Trata da aprendizagem com terceiros através da transmissão de experiências e conhecimentos.

A quarta ferramenta a ser utilizada é a de aprender através dos próprios erros. Reconhecer o erro, aprender com ele e dividir o conhecimento adquirido com toda a organização são das práticas mais produtivas: normalmente, quando ocorre um erro, deve ser ele admitido e feito um grande esforço para descobrir-se o motivo do mesmo. O que fazer para que ele não se repita é outra etapa a ser trilhada. As partes envolvidas no erro sempre participam deste processo. O aprendizado é amplamente comunicado a toda a Organização, reforçando o valor que a empresa dá para tal atitude. O benchmarking é pois a última ferramenta recomendada por Wick e Leon (1996) para um plano de aprendizado, o qual foi apresentado em seção a parte nesta fundamentação teórica.

Uma segunda abordagem dentro da aprendizagem organizacional é a proposta por Fulmer, Gibbs e Keys (1998). Segundo eles existem quatro categorias de ferramentas utilizadas no aprendizado organizacional; na primeira delas, as ferramentas de manutenção, enquadram-se os sistemas de sugestão de empregados, controle estatístico de processos, benchmarking e equipes montadas para projetos específicos. Certamente a mais simples ferramenta dentre as citadas é a que trabalha com as sugestões feitas pelos empregados da empresa, o qual requer apenas lápis, papel e uma caixa onde serão depositadas tais sugestões. Equipes orientadas para projetos específicos representam uma abordagem mais sofisticada para o aprendizado organizacional. Estas equipes buscam melhorias e maiores controles sobre a própria forma de trabalhar. Sistemas estatísticos de controle de processos, diretamente associados com a gerência da qualidade total são também usados para a implementação de estratégias de aprendizado.

O segundo tipo de ferramenta utilizado nesta abordagem é denominado preventivo. Dentro deste contexto enquadram-se a análise do cenário, as alianças estratégicas, a análise de impactos e o gerenciamento do desenvolvimento externo. Em alianças estratégicas, pessoas são disponibilizadas para uma nova organização fruto da união com outra empresa. A nova empresa é incumbida de perseguir um objetivo comum contando com as organizações mães como suporte. Uma vez que há sucesso no trabalho o conhecimento adquirido é transferido para as organizações mães. Os tradicionais programas de gerenciamento do desenvolvimento externo são pouco atraentes. Gerentes são designados para este tipo de programa ao invés de perguntados pelo interesse em participar dos mesmos. A análise do cenário auxilia equipes a reconhecerem potenciais eventos externos que podem ser úteis a empresa e como se adaptar aos mesmos. A análise de impactos auxilia gerentes em avaliar o impacto de tendências em operações de mercado.

Ferramentas denominadas intermediárias, representam o terceiro tipo dentro desta metodologia. Consiste dentro deste ambiente a reengenharia, gerenciamento interno do desenvolvimento, transferência de inovações e forças de tarefa. Transferência de inovações é uma abordagem bem sucedida, sofisticada para difundir a metodologia de uma equipe através da organização. A reengenharia é uma ferramenta de alto impacto usada para criar mudanças dentro da empresa. Através da reengenharia os processos de trabalho não sofrem pequenas mudanças, mas são analisados e redesenhados completamente. Gerenciamento interno de desenvolvimento é mais freqüentemente usado no desenvolvimento de equipes e no tratamento de questões específicas da Organização. As forças de tarefa ou forças de trabalho são criadas para lidar com problemas táticos dentro da empresa e ocasionalmente para lidar com o tratamento de assuntos estratégicos da empresa.

O quarto e último tipo de ferramenta para aprendizado organizacional é chamado de utilitários. Enquadra-se aí, estudo dos consumidores e o uso de consultores externos. Estudo de consumidores são usados extensivamente. Informações sobre a clientela podem ser usadas ou em estudos correntes com limitado envolvimento de pessoas da organização ou, em outro extremo, em ações orientadas para o futuro envolvendo consumidores e membros da Organização. Por outro lado, o uso de consultores externos à organização pode ser muito útil na formulação e implantação de programas direcionados a futura conduta da empresa em relação ao mercado.

Segundo Fulmer, Gibbs e Keys (1998), o ato de aprender varia de empresa para empresa. Essencialmente tal processo envolve os participantes trabalharem em equipe e atacarem problemas reais. No processo de resolução de um problema real, eles adquirem o aprendizado e ainda aprendem através da experiência com os problemas enfrentados. De acordo com os autores os passos principais são: organize a equipe com integrantes que tenham domínio dos problemas a serem estudados; ao montar a equipe mescle-a o máximo possível; exija muitos questionamentos por parte dos integrantes da equipe; use um consultor para dirigir a equipe, se necessário; discuta soluções para o problema constantemente; uma vez o problema estando resolvido, reflita e mantenha o foco em cima do aprendizado; dê por encerrado somente quando todo o aprendizado relevante for extraído do projeto.

Uma terceira abordagem para o aprendizado organizacional é encontrada em Davenport e Prusak (1998). Segundo os referenciados autores o conhecimento adquirido não precisa ser necessariamente recém-criado, mas apenas ser novidade para a Organização. Dentro desta metodologia, são cinco os modos de se gerar o conhecimento: aquisição, recursos dedicados, fusão, adaptação e rede de conhecimento.

Segundo Davenport e Prusak (1998), a maneira mais eficaz de se adquirir conhecimento é a compra– isto é, adquirir uma organização ou contratar indivíduos que o possuam. De acordo com os autores nem todos os campos corporativos são aquisições do conhecimento. Empresas compram outras empresas por várias razões: gerar receita adicional; alcançar um porte ou um mix de produtos estratégicos; ganhar acesso a novos mercados. Uma empresa que adquire outra empresa para encampar seu conhecimento está comprando pessoas (isto é, o conhecimento que existe na cabeça das pessoas e nas comunidades de conhecedores). Embora a compra sinaliza para o desejo de aumentar o estoque do conhecimento corporativo, barreiras culturais e políticas podem impedir a plena aceitação e absorção do conhecimento da empresa adquirida. Interesses arraigados existentes na empresa comprada podem resistir a instruções dadas por novos funcionários, mesmo quando os procedimentos recém adquiridos são comprovadamente superiores. Outra forma de aquisição se dá através do aluguel do conhecimento. Segundo os autores alugar conhecimento significa realmente alugar uma fonte de conhecimento, onde o exemplo da contratação de um consultor para determinado projeto é um exemplo. Diferentemente do aluguel do equipamento ou instalações, o aluguel do conhecimento tende a envolver algum grau de transferência do conhecimento. Embora a fonte do conhecimento seja temporária, parte do conhecimento tende a permanecer na empresa. Naturalmente uma pequena parcela dele será transferível se se tratar de um pequeno projeto de consultoria ou mesmo de base de conhecimento estruturada.

Uma segunda forma, segundo Davenport e Prusak (1998), denomina-se recursos dirigidos. Corresponde a formação de grupos para essa finalidade. Departamentos de pesquisa e de desenvolvimento encaixam-se neste contexto. Pelo fato de que recursos dedicados de conhecimento são, por definição, ligeiramente distintos do trabalho cotidiano de uma organização, continua, segundo os autores, ser complicado transferir o conhecimento para onde ele possa ser usado. O terceiro tipo de aprendizagem organizacional, dentro desta metodologia, chama-se fusão. Trata-se da reunião de pessoas com diferentes perspectivas para trabalhar num problema ou projeto, obrigando-as a chegar a uma resposta conjunta.

Uma outra forma de aprendizagem por parte das empresas é a adaptação. De acordo com os autores a história, proporciona uma vívida metáfora da forma como as mudanças externas (e por vezes internas) levam empresas a se adaptar. Novos produtos de concorrentes, novas tecnologias, mudanças sociais e econômicas incentivam a geração do conhecimento e conseqüente aprendizagem, porque as empresas que não se adaptarem às mudanças nas condições vigentes tendem ao fracasso. Por último, dentro das empresas, a aprendizagem se dá pelas redes informais e auto-organizadas, as quais podem se tornar mais formalizadas com o tempo. Comunidades acabam se aglutinando, motivadas por interesses comuns. Os membros destas comunidades geralmente conversam pessoalmente, por telefone e pelo correio eletrônico e groupware para compartilhar o conhecimento e resolver problemas em conjunto. Quando redes desse tipo partilham conhecimento comum suficiente para se comunicar e cooperar, a continuidade de seu contato costuma gerar conhecimento novo dentro da organização. Na falta de políticas e processos de conhecimento formais, as redes funcionam como condutores fundamentais de grande volume de pensamento inovador.

Ainda de acordo com Davenport e Prusack (1998), o denominador comum de todos esses esforços é a necessidade de se alocarem tempo e espaço apropriados para a criação ou aquisição do conhecimento e aprendizagem organizacional decorrente.

Uma última abordagem acerca da aprendizagem organizacional descrita nesta pesquisa está centrada nas idéias de Argyris e Schôn (1977). Segundo os autores a aprendizagem organizacional é um processo de detectar e corrigir erros. O erro é visto como desvio cometido entre as intenções e o que de fato ocorreu. De acordo com Roglio (1998) a discussão das crenças e concepções das pessoas em relação ao mundo, especialmente através da reflexão e inquisição, de forma a evitar que as mudanças nos modelos mentais e a aprendizagem ocorram apenas em nível superficial foi o que Argyris e Schôn (1977) definiram como aprendizado de laço simples (single-loop learning). Segundo esses autores, quando a identificação e ação corretiva de determinado erro permite à organização manter suas atuais políticas ou alcançar seus objetivos presentes (análise unidimensional), ocorre um processo de aprendizado de laço simples.

Quando, de maneira diversa, um erro é identificado e corrigido de modo a envolver modificações em normas políticas e objetivos fundamentais da organização, ocorre um processo de aprendizado de duplo laço (double-loop learning). Barret (1995) compara esta taxonomia com a de Senge (1990), quando este fala em aprendizado adaptativo que diz respeito aos esforços incrementais de melhorias tendo em vista as demandas do ambiente; e o aprendizado gerador ou criativo (generative learning) que diz respeito à experimentação, pensamento sistêmico e disposição para pensar além das limitações geralmente aceitas de um problema. Barret identifica a primeira com o aprendizado de laço simples, e a segunda com o aprendizado de laço duplo.

O que se busca é o aprendizado generativo, que resulta em mudanças na forma de compreender e explicar determinados aspectos da realidade, não simplesmente a assimilação de novas informações, e a formação de novas idéias. Segundo Argyris (1976), a empresa consegue detectar e corrigir um erro tanto com o primeiro modelo como com o segundo, mas só com o aprendizado de duplo laço ocorre uma revisão de princípios para que aquele tipo de erro não volte a acontecer.

O aprendizado de laço simples é orientado para a manutenção do conhecimento, enquanto o aprendizado de duplo laço permite a empresa questionar o que aprende e revisar seus princípios. Daí decorre a indicação do aprendizado de duplo laço para os casos em que envolvem mudanças organizacionais.

1.3. BENCHMARKING E APRENDIZAGEM ORGANIZACIONAL

Esta seção objetiva identificar os estudos que relacionam o benchmarking com a aprendizagem organizacional, ou seja aqueles estudos que enfatizam a prática do benchmarking como uma ferramenta de aprendizado nas organizações.

Segundo Spendolini (1992), ao se definir benchmarking deve ser sempre incluído o elemento de aprendizado e desenvolvimento profissional na resposta formulada. De acordo com o autor uma resposta simples, numa única frase, para a definição significa *"aprender com os outros"*. Por detrás de todo o planejamento, organização e atividades de análise que definem a experiência do benchmarking, há os objetivos fundamentais de aprender algo novo e trazer nova idéia para a organização. Um termo que tem ganhado importância é *"organização aprendiz"*. Uma das implicações desse conceito é que as organizações precisam sair de dentro de si próprias e examinar cuidadosamente sua visão do mundo. Isso é feito quando alguém expõe seu próprio pensamento à influência dos outros. Dentro desse contexto o benchmarking torna-se ferramenta fundamental e orienta as pessoas através do processo de olhar para fora, buscando idéias e inspiração – em essência, uma ferramenta para a organização aprendiz.

Wick e Leon (1993) definem com relação ao plano de aprendizado pessoal, o benchmarking como a busca das pessoas ou organizações que sejam as melhores nas respectivas áreas, e o aproveitamento do conhecimento que elas tem. Segundo eles, embora o benchmarking seja mais usado para identificar as melhores práticas organizacionais, é também uma ferramenta para ajudar os executivos a escolher e atingir metas ou para acelerar o aprendizado dentro da organização.

Os gerentes e as organizações precisam medir a quantidade e o ritmo de aprendizado dos gerentes e organizações equivalentes. Verificando a existência de empresas que aprendem mais rápido, é preciso, segundo os autores, encontrar meios de aumentar o ritmo do próprio aprendizado. Os gerentes que aprendem rapidamente deparam-se com mais oportunidades e ficam em condições de assumir maiores responsabilidades. Os cargos mais elevados, com maior remuneração e benefícios, acabam sendo ocupados por gerentes que aprendem com mais eficácia e que, conseqüentemente, aumentam suas habilidades e capacidades.

De acordo com Wick e Leon (1993), a parte mais difícil do benchmarking é o reconhecimento de que não se sabe tudo. Muitas empresas que são líderes em seus setores, têm dificuldade de admitir a possibilidade de aprender alguma coisa com um concorrente ou outra organização. O fato de uma empresa ser bem sucedida em termos mundiais pode dificultar a realização do benchmarking. No entanto, manter-se a par das melhores práticas externas é imprescindível para a empresa que quer continuar na liderança. O segredo para incentivar o aprendizado organizacional é trabalhar com os gerentes para estabelecer metas e um método de relatar aos colegas o que foi visto nas outras empresas. Dessa forma, as visitas de benchmarking ficam mais enfocadas e os principais aprendizados são mais bem definidos.

Para Watson (1993), as organizações devem aprender a se tornar adaptáveis a mudanças ambientais em seu ambiente. Essa resposta da organização é denominada aprendizado, que define como uma organização está continuamente expandindo sua capacidade de criar seu futuro. Como o benchmarking é uma prática de qualidade que não requer grande sofisticação matemática e pode ser usada por qualquer um que tenha conhecimento das ferramentas básicas de qualidade, sua aplicação pode ser difundida para dentro de toda a empresa.

Para McGill e Slocum (1994), benchmarking é um método para se descobrir como melhorar o desempenho aprendendo com os outros que lidam com problemas similares. O benchmarking eficaz requer disposição de examinar a própria experiência e uma abertura a experiência dos outros, gerando como conseqüência o aprendizado organizacional. O sucesso do benchmarking está calcado em se focar o processo no aprendizado. Segundo os autores, o benchmarking é um processo pelo qual as empresas aprendem entre si enquanto ambas as partes sentem que estão se beneficiando desse aprendizado mútuo.

De acordo com Senge (1990), organizações que aprendem são aquelas onde as pessoas continuamente expandem sua capacidade de criar novos padrões de pensamento e onde aprendem, continuamente, a trabalhar juntas em equipe. Uma organização que aprende nunca é um produto final mas um processo contínuo. Essa organização não só cria novas formas de pensar mas também aplica o novo conhecimento de modo que o trabalho seja feito. Uma organização que aprende é uma organização habilidosa na criação, aquisição e transferência de conhecimento e na modificação de seu comportamento para refletir o novo conhecimento e as novas idéias. Essas atividades de aprendizado resultam em organizações mais inteligentes. A aprendizagem encoraja as pessoas a pensar e descobrir coisas por conta própria, de modo a melhorar a eficácia da organização. Em consonância com esta abordagem, McGill e Slocum (1994), afirmam que o benchmarking atua como uma ferramenta para que o aprendizado ocorra.

Cooke (1990), também sugere que o benchmarking fornece uma excelente maneira de aprender com os outros. Para ele o benchmarking facilita o aprendizado.

Para Zairi e Leonard (1995), o benchmarking é uma oportunidade para uma empresa aprender com a experiência das outras. Segundo elas benchmarking não é uma análise isolada. É um instrumento que oferece fontes de estímulos e insights sobre a empresa e desafia sua metodologia tradicional de trabalho. A implementação dos resultados e descobertas, ou seja, o aprendizado obtido, depende da vontade de mudar e de adaptar-se a novas formas de fazer as coisas.

Drew (1997) afirma que é geralmente aceito que benchmarking possa ser uma valiosa ferramenta para o aprendizado organizacional, mas, como qualquer técnica, é importante estar informando sobre suas potenciais limitações, efetivos usos e resultados. Segundo o autor, diferentes tipos de aprendizado organizacional podem ser atingidos como resultado do uso do benchmarking. Benchmarking é hoje uma das ferramentas mais populares para gerência estratégica. Ela conduz ao rápido aprendizado organizacional, como exemplificado na práticas em empresas com produtos bem sucedidos, tais como Xerox, Ford e Compaq. Ademais, segundo o autor, benchmarking é o método prático de operacionalizar o modelo de aprendizagem organizacional.

Para Watson (1993), mudanças tecnológicas, econômicas, ambientais e políticas ameaçam a vida na atmosfera de negócio de uma empresa. Teorias antigas de administração baseadas em adesão rigorosa ao sistema empresarial com padrões estabelecidos, sem antecipação alguma da necessidade de mudança rápida, tornaram-se ultrapassadas. Em virtude do fato de que o benchmarking facilita a transmissão necessária de um sistema gerencial baseado em controle para um sistema baseado em aprendizado, tornou-o popular.

Segundo Zuboff (1988), a organização informatizada é uma instituição de aprendizado, e um de seus principais objetivos é a expansão do conhecimento – não conhecimento por si só mas conhecimento que vem residir no centro daquilo que significa ser produtivo. O aprendizado não é mais uma atividade separada que ocorre ou antes que alguém entre no local de trabalho ou num ambiente remoto de sala de aula. Nem é uma atividade preservada para um grupo administrativo. Os comportamentos que definem o aprendizado e os comportamentos que definem ser produtivo são uma única e a mesma coisa. O aprendizado não é algo que requeira tempo do envolvimento em atividade produtiva; aprendizado é o âmago da atividade produtiva. Para colocá-lo de maneira simples, aprendizado é a nova forma de mão-de-obra. Assim se insere neste contexto o benchmarking à medida em que fornece um estímulo externo para encorajar um ambiente reflexivo de aprendizado contínuo.

Liebfried e McNair (1994) definem benchmarking como uma técnica que consiste em uma seqüência lógica do processo de aprendizagem. Partindo de uma compreensão de uma necessidade não atendida de algum cliente ou de uma lacuna de desempenho, a empresa examina os processos-chave e as medidas afins, movimenta-se pela realidade física concreta de suas operações diárias interna e externamente, analisa e reformula esses processos no papel e, então, vale-se dessa informação para mudar a realidade, através do ciclo de implementação. Pela análise dos fluxos de trabalho existentes e das medidas de desempenho em uso, a empresa identifica os limites do problema. O mapeamento de processos, pode, em si e por si, proporcionar uma forma de aprendizado e, consequentemente de melhoria.

Segundo Cooke (1996), o benchmarking permite a gerentes obterem novas idéias de como melhorar suas operações, produtividade e a selecionar o que há de melhor entre os concorrentes. Cooke sugere que o aprendizado em grupo, através de uma rede de profissionais de benchmarking, deve ser incentivado valendo-se de uma programação regular destas reuniões.

Segundo Fulmer, Gibbs e Leonard (1998), o mundo está mudando continuamente. Os produtos modificam-se, os mercados da mesma forma e assim também os clientes. Através do uso do benchmarking as empresas aprendem mais rápido que os concorrentes; aprendem com os clientes e fornecedores; antecipa o futuro e os cenários a ele associados e desta forma estas empresas sobrevivem e prosperam.

2. Metodologia

Este capítulo tem por objetivo apresentar os procedimentos metodológicos utilizados para investigar a relação entre a realização da prática do benchmarking e a aprendizagem organizacional na PRODEMGE.

2.1 - DELINEAMENTO DO TRABALHO

O procedimento utilizado foi o ESTUDO DE CASO, uma vez que se procurou analisar com profundidade um único caso. Para Ludke (1985, p17) "o interesse (em um caso) incide naquilo que ele tem de único, de particular, mesmo que posteriormente venham a ficar evidentes certas semelhanças com outros casos ou situações".

Para Bryne (1977), o estudo de caso permite reunir informações detalhadas e numerosas, e aprender, assim, a totalidade de uma situação. Além disso, este método possibilita a obtenção de importantes informações que, juntando-se a outras já existentes, pode facilitar a compreensão do fenômeno estudado. De acordo com Ludke (1985), a busca da singularidade torna-se particularmente propícia ao objetivo de aprender a dinâmica de percepções e interações emergentes em um contexto específico, representativa da existência de opiniões e pontos de vista diferentes e/ou divergentes. Desse modo a realidade pode ser observada de acordo com perspectivas diversas enriquecendo o trabalho do pesquisador e possibilitando ao leitor descobrir novas ligações.

A abordagem utilizada foi a Pesquisa Qualitativa por se tratar da mais adequada forma para análise aprofundada de um fenômeno, que é o que está sendo buscado através do estudo de caso.

A pesquisa nas Ciências Sociais, segundo Godoy (apud Amboni, 1997), tem sido fortemente marcada ao longo dos tempos, por estudos que valorizam a adoção de métodos quantitativos na descrição e explicação dos fenômenos de seu interesse. Hoje, no entanto, é possível identificar, claramente, uma outra forma de abordagem que, aos poucos, veio se estabelecendo e se sustentando com firmeza, como uma alternativa de investigação mais global para a descoberta e compreensão do que se passa dentro e fora dos contextos organizacionais e sociais. Trata-se da pesquisa qualitativa que nos últimos trinta anos ganhou um espaço reconhecido em outras áreas, além da sociologia e da antropologia como a administração, a psicologia e a educação(Amboni,1997).

De acordo com Godoy (1995),a pesquisa qualitativa exibe as seguintes características básicas:

- ter o ambiente natural como origem direta de dados e o pesquisador como instrumento fundamental.
- ser descritiva
- ter como preocupação essencial o sentido que as pessoas dão as coisas e a vida
- utilizar o enfoque indutivo na investigação de seus dados
- preocupar-se com o processo e não unicamente com os efeitos e o produto

2.2 - COLETA E ANÁLISE DE DADOS

Neste tópico abordam-se os aspectos relacionados aos tipos de dados coletados, às técnicas de coleta e a análise dos dados utilizada a fim de alcançar o objetivo geral proposto.

2.2.1 - Tipos de Dados

Os dados utilizados são de dois tipos:

a) dados primários: aqueles coletados pela primeira vez pelo pesquisador como parte da investigação;

b) dados secundários: aqueles disponíveis ao pesquisador em manuais, relatórios, regulamentos, boletins, normas e demais documentos organizacionais.

2.2.2 - Coleta dos Dados

Após os contatos iniciais com assessores da presidência da companhia, em suas salas de trabalho, efetuou-se a coleta dos dados secundários. Nesta etapa, documentos como o Manual da Organização e Portarias da Presidência foram consultadas e serviram como base para a coleta de dados primários. Concluída a coleta de dados secundários, empreendeu-se a coleta dos dados primários por meio de entrevistas semi-estruturadas. Estas permitem uma melhor exploração das opiniões, motivações e atividades dos integrantes envolvidos. Conforme observado por Richardson (1989), este tipo de coleta de dados permite obter do entrevistado não somente o que ele considera como aspectos mais relevantes de determinado problema, mas também, suas descrições da situação em estudo, além de complementar os dados secundários levantados.

O roteiro da entrevista foi dividido em três partes:

(1) Informações sobre a forma de trabalho da empresa antes da execução do benchmarking;

(2) Processo de realização do benchmarking.

(3) Informações sobre a forma de trabalho implantada na PRODEMGE após o benchmarking.

2.2.3 - Análise dos Dados

A análise dos dados caracteriza-se como predominantemente descritiva/interpretativa, com o emprego de técnica de cunho qualitativo. Tendo-se em vista os objetivos formulados, a análise documental foi empregada nos dados obtidos das fontes secundárias.

2.3 - LIMITAÇÕES IMPOSTAS

A despeito da constante preocupação, durante todo o processo de trabalho, com o rigor na busca de informações, nos procedimentos adotados e na análise dos dados pertinentes ao caso em estudo, alguns aspectos consistiram em limitações à sua realização.

Embora o estudo de caso possibilite uma análise profunda de uma situação específica com uma análise intensiva das variáveis escolhidas, as conclusões obtidas não podem ser estendidas e generalizadas aos demais casos ou a outras realidades organizacionais. No entanto, partindo-se das características de cada organização, pode-se utilizar as observações sobre o benchmarking como forma de aprendizagem organizacional, em estudo para outras organizações de naturezas similares.

3. Apresentação e Análise dos Dados

O capítulo em questão apresenta a Prodemge, empresa onde ocorreu o benchmarking e as etapas seguidas para que o benchmarking viesse a ocorrer. (criação da equipe, levantamento de informações, e diagnóstico da situação atual). Posteriormente é apresentada a relação entre o benchmarking e a aprendizagem organizacional ocorrida na companhia.

3.1 - APRESENTAÇÃO DOS DADOS

3.1.1 - A PRODEMGE (Companhia de Processamento de Dados do Estado de Minas Gerais)

A origem da instituição remonta a 12 de outubro de 1972, através da Lei número 6.003. Foi criada com os seguintes objetivos:
- Executar, em caráter privativo, por processos mecânicos, eletromecânicos ou eletrônicos, serviços de processamento de dados e tratamento de informações para os órgãos da Administração Pública, Direta e Indireta;
- Executar, mediante convênios ou contratos, serviços de processamento de dados para órgãos ou entidades da União e dos Municípios e;
- Prestar assistência técnica aos órgãos da Administração Pública em geral.

Através da lei supramencionada foi dada à PRODEMGE a exclusividade do processamento de dados para os órgãos e entidades da Administração Pública Estadual, Direta e Indireta. Inicialmente a Companhia vinculava-se diretamente ao Governador do Estado, resguardando sua autonomia administrativa e financeira e preservando a condição de prestadora de serviços a todos os sistemas operacionais da Administração Estadual. Em 1975, a PRODEMGE passou a vincular-se à Secretaria de Estado do Planejamento e Coordenação Geral, nos termos do Decreto de número 17.113, de 22 de abril de 1975.

Em 1981, a PRODEMGE e a Coordenação da Política de Processamento de Dados passaram a integrar-se, por vinculação ao Sistema Estadual de Administração Geral sob a orientação da Secretaria de Estado da Administração. Essa vinculação foi definida pelo Decreto de número 21.221, de 20 de fevereiro de 1981.

A PRODEMGE é uma empresa historicamente comprometida com a modernidade da Administração Estadual, pois ela surgiu sucedendo a Fundação Escritório Técnico de Racionalização Administrativa, responsável pela instalação do Centro de Processamento de Dados do Estado e agente da reforma e dos processos administrativos dos órgãos e entidades da Administração Pública Estadual.

Ela é o agente de mudanças na administração ligada aos princípios da informática moderna. Ela existe agindo e interagindo no Campo da informática, procurando aprimorar-se permanentemente, adaptando-se aos impactos tecnológicos e preparando-se para cumprir sua missão de executora da política de modernização e racionalização do Governo Estadual.

A partir de 1991, a empresa vem desenvolvendo suas atividades de informática sob a ótica da microinformática e de comunicação de dados. A evolução tecnológica das redes e a expansão do seu uso pelos clientes; a ênfase aos segmentos de imagem multimídia; o processamento distribuído; o sistema de bancos de dados distribuídos e o geoprocessamento destacam-se dentre as atividades pertinentes à área de atuação da Companhia.

A empresa possui 16 computadores servidores onde estão distribuídos os softwares e serviços de seus clientes. Dentro deste ambiente são desenvolvidas e mantidas aplicações assim como estão instalados os sistemas operacionais, gerenciadores de bancos de dados, de redes, web (internet) e armazém de informações. O uso de tal tecnologia se deu visando à descentralização e interiorização dos serviços prestados objetivando o atendimento das necessidades públicas.

A empresa possui hoje 800 empregados, assim distribuídos: na sede da empresa, Belo Horizonte, estão lotados 704 empregados, estando os demais em Juiz de Fora (20), Governador Valadares (20), Montes Claros (26), Timóteo (18) e Diamantina (12).

Dentre os principais clientes da Prodemge encontram-se:
- Secretaria de Estado da Fazenda
- Secretaria de Estado da Educação
- Secretaria de Estado da Segurança Pública
- Departamento Estadual de Trânsito (Detran)
- Secretaria de Estado da Saúde
- Secretaria de Estado dos Transportes e Obras Públicas
- Fundação de Amparo a Pesquisa do Estado de Minas Gerais
- Instituto da Previdência do Estado de Minas Gerais
- Secretaria de Estado da Cultura

Na relação de serviços essenciais prestados pela empresa situam-se:
- Controle de infrações de trânsito
- Controle da febre aftosa no Estado
- Controle da hanseníase no Estado
- Cadastramento de veículos novos e usados
- Controle da arrecadação pública
- Pagamento do funcionalismo público
- Controle do patrimônio histórico e artístico
- Controle dos gastos públicos.

A PRODEMGE encontra-se subdividida em 4 Diretorias, além da Presidência.

Compete à Diretoria Técnica a prospecção de novas tecnologias a serem utilizadas na empresa, além da busca da homogeneidade do conhecimento técnico entre os funcionários.

Cabe à Diretoria Executiva o planejamento global da empresa assim como o acompanhamento das atividades planejadas, objetivando a correção de desvios.

A Diretoria Administrativa e Financeira tem por objetivo a administração dos recursos humanos, execução das atividades relacionadas com a captação, controle e aplicação dos recursos financeiros além da cobrança de títulos.

É de responsabilidade da Diretoria de Negócios o atendimento a clientela da empresa, bem como a criação e implantação de políticas de marketing para incrementar a receita da Companhia.

Ao Presidente da PRODEMGE recai a responsabilidade de interagir politicamente junto aos demais órgãos do Estado, além de formular em conjunto com as demais Diretorias as políticas inerentes à empresa.

3.1.2 – Caracterização do Processo de Criação das Unidades Setoriais de Informática

Nas próximas seções serão descritas as etapas de criação das Unidades Setoriais de Informática nos clientes da Prodemge. Esta mudança foi precedida por um processo que será identificado na análise desta pesquisa como um processo de benchmarking.

Esta descrição é baseada nos dados primários e secundários levantados, assim como no conhecimento deste pesquisador no tocante à Prodemge.

A Prodemge, conforme já descrito, é uma empresa pública atrelada ao governo do estado. Isso significa que a cada quatro anos ocorre uma mudança na composição da diretoria da empresa decorrente da eleição de um novo governador.

Por ocasião da eleição do governador Itamar Franco, em 1998, através de alianças políticas, foi designado para o cargo de presidente da companhia um profissional da área de informática, de origem paranaense.

Ao tomar posse, este presidente acenou com a idéia de implementar dentro da empresa uma experiência muito bem sucedida na Celepar (Cia. de Informática do Paraná). Tratava-se da criação de unidades setoriais de informática (USI) em cada cliente da Prodemge, composta por técnicos da companhia que estariam lotados no cliente, evitando assim o excesso de reclamações no atendimento por parte da empresa. Para que as USI's pudessem ser criadas, necessário seria o desenvolvimento de um plano setorial de informática (PSI) para cada cliente, que registrava não apenas a estrutura administrativa e técnica, como também a relação das demandas de informática existentes em cada órgão.

Como tal procedimento não era do conhecimento dos funcionários da Prodemge, foi necessária a capacitação dos mesmos para que pudessem atuar dentro desta nova forma de trabalho. Ressalta-se que o novo presidente encontrou em 1998, uma empresa pouco formalizada no que diz respeito à execução de tarefas, aspecto que se configurou em fator motivador da implantação de uma mudança estrutural na organização.

3.1.3 - Criação da equipe

A equipe responsável pelo processo de implantação da mudança foi composta por dois analistas de sistemas consultores. A escolha destes profissionais foi baseada não apenas em suas experiências técnicas, mas também pedagógicas. Partiu-se do pressuposto que estes profissionais poderiam disseminar o processo para os demais funcionários da companhia.

3.1.4 - Levantamento das Informações

O levantamento das informações foi baseado nos documentos que compõem o PSI, as quais são descritas a seguir de forma sumarizada. Coube à Prodemge enviar seus dois analistas consultores a Celepar para que estes pudessem conhecer e posteriormente implantar um PSI na companhia. Os analistas foram recebidos por três gerentes de desenvolvimento de sistemas da Celepar. Foram efetuadas ao todo, sete viagens até o Paraná, no intuito de familiarizar-se com o referido processo. Assim, ao final da última viagem, os analistas consultores já estavam aptos a divulgarem e implementarem o PSI na Prodemge. O processo de divulgação e implantação do PSI envolveu as seguintes etapas:

- Delineamento dos objetivos do PSI
- Caracterização da organização do cliente
- Abrangência do projeto
- Diagnóstico da situação atual
- Bases de dados

- Proposição conceitual da solução

Após as viagens ao Paraná, os analistas consultores da Prodemge iniciaram a implantação do PSI na empresa, a qual seguiu os passos abaixo, e que se encontram exemplificados no Anexo I desta dissertação:

3.1.5 – Delineamento dos objetivos do PSI

Os objetivos gerais a serem atingidos pelo plano e, mais detalhadamente os objetivos específicos deste estão contemplados a seguir:

No contexto do objetivo geral, buscou-se a elaboração de um plano de informatização alinhado às diretrizes e estratégias do cliente, em sintonia com as normas do governo do estado, além de fornecer subsídios para a proposta orçamentária do cliente, visto definir e apresentar os gastos previstos com informática para o ano seguinte. No âmbito dos objetivos específicos, listou-se os tópicos a seguir:

- Proporcionar maior agilidade no processo de tomada de decisão;
- Viabilizar uma maior comunicação interna e externa dentro da empresa e proporcionar a disponibilidade de informações de forma mais imediata

3.1.6 – Abrangência da organização

Consiste no detalhamento das funções de cada área da organização assim como os projetos a elas associados. Aproveitando o exemplo já citado da Secretaria de Cultura, lista-se aqui o Arquivo Público Mineiro com as funções de guarda e preservação do acervo arquivístico da administração pública estadual através de projetos de proteção dos documentos originais e fotos com facilidade de acesso ao cidadão.

Em se tratando da superintendência de museus da referida secretaria, deve ser colocada a preservação e difusão da cultura e memória de Minas Gerais através da ação dos museus subordinados com a proposição de políticas que visem a ampliação ao incentivo e ao desenvolvimento das atividades museológicas bem como à conservação e restauração de bens culturais móveis.

3.1.7 - Diagnóstico da situação atual

Aqui levantou-se os seguintes tópicos:
* Macroprocessos;
* Sistemas de informações existentes;
* Tecnologia disponível;
* Capacitação dos usuários em informática;
* Recursos humanos técnicos dedicados em informática e orçamento previsto para a informática

Macroprocessos

Identificaram-se todos os macroprocessos existentes no órgão em questão, assim como em seus órgãos vinculados (caso existissem). Foram identificadas as unidades executoras destes macroprocessos e as demais unidades da instituição envolvida.

Assim, teve-se a título de exemplo o macroprocesso Avaliação, Registro, Descrição, Classificação, Catalogação e Disseminação do acervo bibliográfico e as publicações produzidas pela Administração Pública Estadual.

A unidade executora foi o Arquivo Público Mineiro estando o projeto em questão, em execução.

Sistemas de informações existentes

Refere-se à relação dos sistemas de informações já informatizados, e seu detalhamento técnico, plataforma básica - mainframe/micro, linguagem de programação utilizada e local de processamento, isto é no próprio órgão, na Prodemge, em outros órgãos.

Como exemplo relaciona-se o sistema de informação de cadastro das bibliotecas públicas do interior, estando o mesmo em plataforma baixa (micro informática), sendo processado na superintendência de bibliotecas públicas.

Tecnologia disponível

Diz respeito à relação de hardware existente (microcomputadores, impressoras, scanners, modems, hubs), em quantidade e tipo. No tocante ao software, descrição do mesmo e quantidade de licenças disponíveis.

No tocante à comunicação de dados especificou-se tipos de linha existente, quantidade e o local onde se encontravam instalada.

Capacitação dos usuários

Dentro do órgão relacionado foi identificado o número de pessoas que estava capacitada no uso de um dado software e as necessidades de treinamento (número de usuários carentes de treinamento técnico por tipo de software).

Informou-se também o preço do treinamento por aluno, conforme cotação de mercado e o valor total estimado.

Recursos humanos dedicados em informática

Diz respeito à quantidade de funcionários disponíveis no cliente (recurso humano do cliente ou da Prodemge), que compuseram a USI (Unidade Setorial de Informática) considerando neste caso também o analista de atendimento lotado no cliente.

Orçamento previsto para informática

Orçamento para o ano seguinte previsto para a utilização com informática no cliente, onde se destacaram os valores de acordo com a fonte de onde seriam obtidos, isto é, se tesouro do governo estadual, recursos obtidos através da União, recursos próprios ou do BIRD (Banco Interamericano de Desenvolvimento).

3.1.8 - Bases de dados

Relação dos bancos de dados de propriedade do cliente existentes em suas instalações e na Prodemge, contemplando o nome da base de dados, volume em registros e qual (is) setor (es) do órgão é (são) responsável (eis) pela manutenção da mesma. Em relação à abrangência da base de dados foi identificado se a mesma era corporativa do estado (base de dados compartilhada por todas as empresas do estado), se era corporativa do órgão (compartilhada pelas unidades que compõem o órgão), departamental (específica de um dado setor da instituição) ou externa (por exemplo, de propriedade da União).

3.1.9 - Proposição conceitual da solução

Relação dos projetos propostos para atender às demandas identificadas no cliente (macroprocessos versus sistemas de informações existentes), nível de prioridade de cada um, prazo previsto de atendimento e valor estimado em reais. Cada projeto relacionado foi acompanhado de uma descrição sumária do mesmo e da topologia necessária à sua implementação; também estiveram contidos dentro deste tópico os pontos críticos (escassez de recursos financeiros, falta de pessoal qualificado) que poderiam vir a ser impedimentos ao sucesso da proposta formalizada.

3.1.10 - Visão Geral dos Sistemas

Relação dos mais importantes sistemas identificados durante os levantamentos, destacando aqueles que deveriam ser implantados prioritariamente.

3.1.11 - Plataforma Tecnológica

Representação da topologia da tecnologia existente no órgão, contemplando também, se for o caso, a topologia de seus órgãos vinculados.

3.1.12 - Especificação e Orçamentação dos Componentes

Relação dos hardwares, softwares, equipamentos de comunicação de dados e mobiliário para informática necessários para amparar cada projeto identificado no item 3.1.10. Relacionou-se também as quantidades, valor unitário (pesquisa de mercado) e valor total por item estipulado.

3.1.13 - Projetos

Relação dos projetos identificados, classificados por prioridade (1- máxima, 2- média, 3 - mínima); prazo global, (em meses), para implantação, valor estimado (em reais) e fonte de recursos para o pagamento.

Para todo PSI foi exigido por parte do presidente da Prodemge que se contemplassem cinco projetos básicos, a saber:
- Manutenção da base instalada – Prodemge;
- Manutenção da base instalada – Outros fornecedores;
- Projeto tecnológico ano 2000;
- Gestão governamental;
- Projeto tecnológico básico e os projetos mencionados foram

classificados com o grau de prioridade máxima. Cada um deles será detalhado no item 3.1.15, a seguir.

3.1.14 - Projetos e Serviços Associados

Compreendeu o desmembramento de cada projeto listado no item 3.1.13, em serviços componentes do referido projeto.

3.1.15 - Descrição Sumária dos Projetos

Foi realizada uma breve descrição dos projetos relacionados em 3.1.14. Em se tratando de projetos denominados prioritários pela presidência da empresa, cabe esclarecer:

- Manutenção da base instalada – Prodemge: Relação das bases de dados existentes na Prodemge pertencentes ao cliente, que foram mantidas pela companhia.
- Manutenção da base instalada/Outros fornecedores: Relação das bases de dados existentes no cliente de origem diferente da Prodemge que foram mantidas pelas empresas concorrentes do mercado.
- Projeto tecnológico da prodemge para o ano 2000: Relação do hardware e software visando a chegada do ano 2000 e suas conseqüências adversas ao funcionamento do centro de processamento de dados.
- Gestão governamental: Projeto para viabilizar a gestão governamental contemplando acesso à internet, intranet, correio eletrônico e tramitação eletrônica de documentos para todos os órgãos do governo.
- Projeto tecnológico básico: Abordou-se, neste caso, projeto específico de cada cliente no tocante à sua evolução tecnológica em relação ao uso de rede de computadores e softwares a ela associados.

3.1.16 - Projetos/Serviços com oportunidade de Negócio

Relação de projetos/serviços existentes no cliente que foram transformados em negócios junto a outras instituições similares no país.

3.1.17 - Pontos Críticos

Relação de fatores que poderiam vir a ser empecilhos no tocante ao sucesso dos projetos relacionados.

3.1.18 - Anexos – Classificação dos Projetos Propostos

Para cada projeto relacionado descreveu-se o assunto associado ao projeto, o tipo (por exemplo, se geoprocessamento) e a plataforma (mainframe ou plataforma baixa).

3.1.19 - Implantação

O primeiro passo para a implantação do PSI na Prodemge foi a adequação do organograma da empresa às necessidades estruturais impostas pelo PSI. Desta forma ocorreu uma reestruturação organizacional contemplando todos os setores da companhia. Sob esta ótica, criou-se a figura do Analista de Atendimento. Esta posição foi ocupada pro profissionais da Prodemge com vasta experiência técnica e perfil gerencial. Foram elencados 50 profissionais, cabendo a cada um o atendimento a dois clientes da empresa.

Uma vez selecionados os analistas responsáveis pelo atendimento, iniciou-se o treinamento técnico da equipe. Ressalta-se que por ocasião da mudança estrutural aconteceu um treinamento técnico para os novos gerentes da empresa abordando a nova forma de trabalho. Assim quando do treinamento ministrado aos analistas de atendimento, os novos gerentes já participaram apresentando a função de sua área e de que forma poderiam colaborar, não só na elaboração do PSI como também na viabilização da proposta contemplada no mesmo.

O treinamento anteriormente citado ocorreu às sextas feiras à tarde, onde era explanada cada etapa do PSI e que produtos deveriam ser gerados ao final de cada uma delas. Os instrutores eram os técnicos enviados ao Paraná assim como os novos gerentes.

Os treinamentos aconteciam somente uma vez por semana visto que durante os demais dias os analistas de atendimento estavam lotados diretamente no cliente, na busca das informações necessárias para a composição do PSI. Em paralelo, acontecia a criação da USI e a nomeação da chefia correspondente pelo próprio cliente, incluindo neste contexto o analista de atendimento. Conforme já mencionado, caberia a USI operacionalizar todas as propostas contempladas dentro do PSI, no cliente.

Para a execução de todo o trabalho foram estipulados prazos, obedecendo ao porte do cliente e a infra-estrutura existente para o trabalho dentro da proposta formulada, variando de 3 meses para pequenos clientes e no máximo 6 meses para os maiores. Para viabilizar a referida proposta, foram ministradas, em paralelo, palestras para todos os clientes da Prodemge, pelo próprio presidente da companhia. Desta forma, segundo a ótica da direção da Prodemge abrir-se-iam mais facilmente as portas dos clientes para os analistas de atendimento.

Eventualmente dúvidas na implementação do PSI surgiram sem que houvesse respostas imediatas para as mesmas. Assim, alternativas sugeridas pelos próprios analistas de atendimento na solução das mesmas foram abraçadas pela direção da Prodemge, embora a princípio fossem questionadas, visto ser idéia do presidente adequar a realidade de informática do Paraná de forma similar em Minas Gerais. Importante ressaltar que o conteúdo técnico do PSI (da maneira utilizada na Celepar) manteve-se inalterado após a conclusão dos trabalhos.

Dando seqüência à criação do PSI, estabeleceu-se que os analistas de atendimento deveriam permanecer lotados diretamente no cliente, garantindo com isso a implementação do mesmo. Finalmente deu-se origem à segunda parte dos trabalhos, que consistiu na implantação dos projetos conforme a prioridade listada no PSI. Obedecendo as mesmas diretrizes adotadas para a elaboração do documento, ocorreram reuniões semanais, a cada sexta feira, visando relatar os resultados obtidos em cada cliente.

A consolidação do referido projeto se deu através da inserção de cada PSI elaborado nos computadores de grande porte da Prodemge, de tal maneira que a cada etapa concluída fosse atualizada automaticamente na máquina. Ocorrendo novas demandas não previstas ou não identificadas no decorrer do processo descrito, haveria a possibilidade de atualizá-las no computador.

À medida que os progressos foram obtidos, os próprios clientes compareciam às reuniões semanais para relatá-los. Ficou acertado que ao final de cada ano o processo seria revisto no sentido de se manter apenas os projetos em andamento ou os previstos para execução, descartando-se assim os já executados.

3.2 - ANÁLISE DOS DADOS

3.2.1 - A Implantação do PSI como resultado do benchmarking

O objetivo do benchmarking, segundo Schonberger (1990), é o de compreender processos existentes e depois identificar um ponto de referência externo ou padrão pelo qual estas atividades possam ser medidas ou julgadas. Um benchmarking pode ser estabelecido a qualquer nível de organização, em qualquer área funcional.

Para Spendolini (1992), benchmarking é o processo de mensurar suas operações em confronto com operações similares no sentido de melhorar os processos de sua organização.

Allee (1997) defende que o propósito do benchmarking é o aprendizado sistemático no sentido de identificar as melhores práticas, estratégias vencedoras e idéias novas que possibilitem performances superiores com o propósito de repensar e melhorar as próprias práticas. De forma similar Liebfried e McNair (1994) afirmam que o benchmarking lança uma nova luza sobre métodos antigos.

Camp (1998) identifica o benchmarking como uma abordagem gerencial que conduz ao trabalho em equipe dirigindo a atenção para as práticas gerenciais que visam a manutenção da competitividade.

Conforme Drew (1997), o benchmarking é a arte de descobrir como outras empresas fazem algo melhor do que a sua. Assim se deu no tocante à forma de atuação técnica da Prodemge.

O processo ocorrido na Prodemge teve a identificação de um ponto de referência externo (Celepar), confrontando operações similares no intuito de haver aprendizado contínuo e sistemático, ou seja, uma nova luz sobre métodos antigos usados na companhia.

Em consonância com os objetivos específicos listados neste documento e de posse dos resultados do processo de mudança efetuado na Prodemge, pode-se afirmar que a empresa utilizou a técnica do benchmarking.

3.2.2 - Áreas de ocorrência do benchmarking

O processo de benchmarking ocorreu na diretoria técnica da empresa – superintendência de sistema de informações (entenda-se o setor de desenvolvimento de sistemas). Em função do tipo de processo implantado e suas características, houve uma total atenção para os técnicos da empresa visto serem eles os responsáveis pela implantação do PSI nos clientes. Assim, envolveram-se no processo de benchmarking analistas de sistemas (denominados analistas de atendimento após o benchmarking), e as áreas denominadas de suporte (redes de computadores, banco de dados, microinformática, produção em mainframe). Cada uma destas áreas de suporte atuou como facilitadora no processo de implantação do PSI no cliente, agindo como área meio junto aos analistas de atendimento. As áreas denominadas administrativas permaneceram com as suas funções (contratos, contas a pagar, contas a receber, faturamento, pessoal e contábil), atuando quando convocadas para dar esclarecimentos no tocante a sua especialidade.

3.2.3 - Tipos de benchmarking realizados

De acordo com Drew (1997), o benchmarking por processo é usado para comparar operações, práticas de trabalho e processos de negócios. Dentro deste contexto a implantação do PSI na Prodemge se deu através da comparação de práticas de trabalho, onde ficou evidenciada que a prática adotada pela companhia até então era despadronizada e com resultados pouco expressivos. A empresa, a cada ano encerrado, acumulava prejuízos financeiros, obrigando ao governo do estado aportar capital para mantê-la funcionado. A ausência de treinamento para seus técnicos, em função da falta de recursos financeiros mencionada, também foi fator para que resultados positivos fossem alcançados, isto é, os concorrentes melhor preparados tecnicamente, iam ocupando espaços no mercado até então ocupados pela Prodemge.

Partindo-se da abordagem de Camp (1998), ocorreu um benchmarking com as melhores operações externas, visto ser o PSI utilizado na Celepar um documento modelo usado por outras empresas da ABEP (Associação Brasileira das Empresas de Processamento de Dados). Como se tratavam de empresas de porte semelhante, não houve o risco de uma comparação infundada, objeto da preocupação de Camp (1998).

De acordo com a proposta de Drew (1997), o benchmarking em questão foi do tipo formal, com a constituição de equipes formais e especialistas. Estas equipes seguiram uma metodologia bem desenvolvida para o desenvolvimento da pesquisa, coleta e análise de dados, de forma integrada com o trabalho diário.

Conforme já mencionado, foram efetuadas sete viagens ao estado do Paraná no sentido de se efetuarem levantamentos. Cabe ressaltar que tais viagens não ocorreram em períodos pré-definidos (semana, quinzena, mês) e sim em função da disponibilidade dos técnicos paranaenses no atendimento aos técnicos mineiros, o que ocorreu de forma irregular.

3.2.4 - Propósito da realização do benchmarking

Os propósitos básicos para a realização do benchmarking foram a modernização e a padronização da forma de trabalhar na Prodemge. Segundo Allee (1997), que define: O benchmarking identifica as melhores práticas, estratégias vencedoras e idéias novas que possibilitam performances superiores. Assim, criou-se dentro da empresa uma nova cultura onde todos os analistas de atendimento executaram suas tarefas da mesma forma, ou seja, dentro dos mesmos princípios.

Por outro lado, colocou a Prodemge no mesmo patamar das demais empresas públicas de informática no tocante ao uso de metodologias e técnicas de trabalho denominadas no mundo da informática como sendo o estado da arte.

Em paralelo, como conseqüência, os clientes foram atingidos pelo processo de benchmarking, uma vez que a implantação do PSI em cada empresa do estado fez com que o cliente tivesse que se adequar à nova realidade. Dentro deste contexto, ocorreu a modernização do seu parque computacional assim como dos softwares ali utilizados. Como o PSI padronizou a forma de trabalho dentro da Prodemge, assim também ocorreu nas instalações do cliente.

3.2.5 - Resultados do benchmarking

O processo de benchmarking ocorrido na Prodemge viabilizou uma nova forma técnica de trabalhar dentro da empresa, obedecendo às diretrizes e tópicos listados no PSI. Os clientes da empresa aderiram a esta nova forma de trabalhar não havendo em nenhum dos órgãos do estado onde se deu a implantação do PSI, qualquer resistência ao trabalho.

Os resultados antes restritos a promessas (nem sempre efetivadas) foram evidenciados a partir da criação do processo. O usuário deixou de ser um agente passivo no processo de planejar e identificar suas demandas de informáticas, atuando na linha de frente junto ao analista de atendimento.

Sob a ótica dos técnicos da companhia, vários foram os fatores motivadores para que os mesmos dedicassem a fundo no processo; o primeiro deles, diz respeito ao processo de reciclagem cultural, isto é, foram ministrados a todos os envolvidos treinamentos através de reuniões de trabalho sobre como se engajar nesta nova forma de trabalhar. O segundo, associado ao desafio de se ter sucesso e mostrar resultados para a direção da companhia. Sendo assim, houve um empenho a muito não visto por parte da área técnica da empresa no intuito não só de mostrar competência mas também de obter um produto de qualidade

Além deste aspecto, a necessidade de se mudar a face da empresa junto a seus clientes fez com que houvesse maior entusiasmo no trabalho e nos desafios a eles associados. Assim, valendo-se deste novo instrumento de trabalho mapeou-se toda a demanda relevante de informática do estado.

3.2.6 - Formalização

Segundo Mintzberg (1979), a formalização é o parâmetro pelo qual o processo de trabalho da organização é padronizado. Segundo o autor, a formalização pode ocorrer de três formas:

1- Formalização do trabalho, que se refere à especificação de cada tarefa em particular, através da descrição formal de cada passo e sua seqüência, quando e onde;
2- Formalização do fluxo de trabalho, que diz respeito à descrição formal da seqüência e do arranjo de todas as atividades dentro da organização como um todo e
3- Formalização por regras, que se relaciona com a instituição de regras formais para todas as situações organizacionais, incluindo todas as tarefas, trabalhadores e fluxo de trabalho, especificando quem pode ou não efetuar determinada atividade (o que, quando, onde, para quem, e com a permissão de quem).

Por meio da análise dos dados secundários referentes à formalização na organização em estudo, pode-se perceber uma modificação bastante significativa neste indicador, ao se comparar o período anterior com o posterior à implantação do benchmarking.

A caracterização da formalização na Prodemge, antes e depois da introdução do PSI, se observa à medida que antes do benchmarking não havia normas escritas no tocante ao desenvolvimento de sistemas.

A padronização de documentos restringia-se a alguns formulários, que abrangiam mais especificamente o nível operacional da organização, tais como notas fiscais, duplicatas e controle de ponto. Este fato evidencia o que Perrow (1967) salienta: na ausência de procedimentos elaborados, os membros da organização usam seus próprios critérios para decidir o que fazer.

Já no período posterior a adoção do PSI na organização estudada, percebe-se uma mudança no indicador formalização. Com a adoção do PSI, possibilitou-se a criação de rotinas, tanto em termos de trabalho individual quanto do fluxo do trabalho global, tendo como resultado a formalização dos procedimentos indicadores de cada passo a seguir.

Este fato fez aumentar o controle sobre o trabalho e a produção. O fato parece vir ao encontro da observação de PARSONS (apud Etizioni, 1981) quando comenta que, com o aumento da complexidade tecnológica, aumenta também a necessidade de controle por intermédio da formalização.

Os resultados encontrados no caso em estudo corroboram as pesquisas de LUZ (1989), ao se identificar maiores codificação e padronização dos procedimentos exigidos no PSI.

Embora a abrangência da formalização, após a introdução do PSI tenha atingido toda a organização (seja de forma direta junto aos analistas de atendimento, seja de forma indireta com a colaboração das demais áreas na elaboração do mesmo), é no nível técnico/operacional que ela se encontra mais visível e onde o nível de detalhamento ou a especificidade das regras e dos procedimentos é maior. Isto devido ao fato do documento em questão ser direcionado para tais áreas.

3.2.7 – Especialização

A especialização, para autores como Huber e McDaniel (1986), é decorrente da divisão progressiva do trabalho. Gibson (1981), por exemplo, utiliza a especialização como sinônimo de divisão do trabalho.

Com exceção do analista de atendimento, cargo criado para atender diretamente o cliente, não ocorreram alterações significativas no conteúdo dos cargos e na divisão do trabalho após a introdução do PSI na empresa. Assim, a análise dos cargos, mediante o conteúdo de suas descrições, não demonstra uma alteração decorrente da adoção do PSI.

3.2.8 – Centralização

Segundo Prestes Motta e Bresser Pereira (1980), a estrutura organizacional é concebida segundo as atribuições de autoridade decisória de cada administrador.

Neste sentido, o grau de centralização ou descentralização de uma organização é definido pela distribuição vertical da função decisória, ou seja, quanto maior for o grau de participação dos membros organizacionais nas decisões menor é o grau de centralização da organização. Desta forma, uma organização é considerada centralizada quando grande parte das decisões é tomada nos níveis mais altos da hierarquia organizacional (Mintzberg, 1983).

Conforme Hall (1984), a introdução de um novo processo pode afetar a distribuição do poder de decisão entre os níveis hierárquicos de uma organização, tornando-a mais ou menos centralizada.

Como a implantação do PSI se deu através do novo presidente da Prodemge, houve por parte do mesmo uma forte centralização no tocante a tomada de decisões dentro da empresa. Conforme já citado, coube aos gerentes a tarefa de acompanhar e cobrar resultados dos analistas de atendimento, sem terem, contudo, qualquer autonomia para decidirem acerca de questões levantadas. No presidente da Prodemge foram centralizadas as decisões, políticas e orientações técnicas.

Assim ocorreu, como conseqüência, uma mudança na distribuição do poder decisório, tornando a Prodemge uma empresa mais centralizada, após a aplicação do benchmarking.

3.2.9 - Relação entre o Benchmarking e Aprendizagem Organizacional na Prodemge

De acordo com Senge (1990), organizações que aprendem são aquelas onde as pessoas continuamente expandem sua capacidade de criar novos padrões de pensamento. Uma organização que aprende nunca é um produto final mas um processo contínuo. Ela aplica o novo conhecimento de modo que o trabalho seja realizado diferentemente.

Garvin (1993) reconhece que uma organização que aprende não apenas cria novos modos de pensar; ela aplica o novo conhecimento de modo que o trabalho seja realizado diferentemente.

Uma organização que aprende é uma organização habilidosa na criação, aquisição e transferência de conhecimento e na modificação do seu comportamento para refletir o novo conhecimento e as novas idéias.

Para Davenport e Prusak (1998), o conhecimento adquirido não precisa ser necessariamente recém-criado, mas apenas ser novidade para a organização.

Wick e Leon (1993) definem, com relação ao plano de aprendizado o benchmarking como a busca das organizações que sejam as melhores nas respectivas áreas e o aproveitamento do conhecimento que elas tem.

Segundo eles o benchmarking é também uma ferramenta para aceleram o aprendizado dentro da organização.

A abordagem proposta por Fulmer, Gibbs e Keys (1998), destaca o benchmarking como uma das ferramentas utilizadas na aprendizagem organizacional.

Nolan, Goodstein e Pfeiffer (1993), dizem que o aprendizado organizacional emerge quando os empregados tornam-se motivados acerca do processo aprendizado porque aprendizado trás aprendizado. Segundo eles a razão de haver aprendizagem organizacional está em se manter as funções vitais da organização, isto é, de aprender como melhor servir seu mercado e os consumidores que constituem este mercado.

Para Wick e Leon (1996), dentre as ferramentas a serem utilizadas no aprendizado organizacional está a denominada estrela do aprendizado, que se compõe de cinco estratégias de aprendizado: pensamento, auto-exame, ação, observação e estudo/ contato com as pessoas. Por meio desta última segundo os autores, a aprendizagem ocorre com terceiros através da transmissão de experiências e conhecimentos.

Para Argyris e Schôn (1977), existem duas formas de aprendizado, isto é o aprendizado de laço simples (single-loop learning) e o aprendizado de laço duplo (double loop learning).

Pela definição de laço duplo, onde o erro é identificado e corrigido de modo a envolver modificações em normas, políticas e objetivos fundamentais da organização, deparamos com a realidade da Prodemge após o benchmarking.

A análise realizada nesta dissertação permite afirmar que houve um aprendizado de duplo laço e conseqüentemente uma aprendizagem organizacional, uma vez que a introdução do PSI na empresa provocou modificações nas políticas e também nos objetivos fundamentais da organização visto serem os mesmos modificados como conseqüência desta nova forma de trabalhar. Houve com isso aplicação de um novo conhecimento o que fez com que o trabalho fosse executado de uma maneira diferente.

Todas as políticas de natureza técnica emanadas por diretorias anteriores foram revogadas. Os objetivos da instituição foram reescritos dentro desta nova realidade.

A Prodemge passou por um processo de treinamento de maneira que estivessem preparados para implantar e manter os planos setoriais de informática gerados pelos analistas de atendimento. Observou-se também uma integração de todo o corpo funcional no processo de absorção desta nova forma de trabalhar. Criou-se assim motivação suficiente para que o aprendizado gerasse cada vez mais aprendizado.

Conforme já mencionado a Prodemge conquistou uma forma padronizada de trabalhar. Em paralelo, envolveu o estado em função de sua clientela, e aprendeu como melhor servir seu mercado e os consumidores que constituem este mercado.

Através deste instrumento, tornou-se possível mapear a demanda de informática existente e, dentro das possibilidades técnicas e financeiras da Prodemge, alocar recursos suficientes para atendimento das mesmas obedecendo às prioridades determinadas.

Conclusões e Recomendações

Com o objetivo de investigar em uma situação concreta a relação entre o benchmarking e a aprendizagem organizacional, empreendeu-se um estudo na Prodemge, empresa pública de informática, pertencente ao governo de Minas Gerais, localizada em Belo Horizonte.

De acordo com o referencial metodológico adotado procurou-se verificar se ocorreu aprendizagem organizacional na companhia após a realização do benchmarking. Os dados utilizados neste trabalho foram obtidos mediante fontes primárias e secundárias e analisados de modo qualitativo.

A análise realizada permitiu constatar que o benchmarking gerou aprendizagem organizacional, assim como indicadores de formalização e centralização foram afetados com o benchmarking, não ocorrendo o mesmo no tocante ao indicador especialização.

Antes do benchmarking não havia padrões estabelecidos para o processo de desenvolvimento de sistemas e em relação ao hardware e software usados dentro da empresa. O atendimento ao cliente era realizado de acordo com a iniciativa própria de cada analista de sistemas da empresa. Após o benchmarking observou-se uma completa mudança na referida forma de atendimento assim como nas políticas interna e externa da empresa.

O cliente passou a ser considerado o foco central da empresa, sendo dado a ele o direito de opinar no que diz respeito as suas demandas de informática, ao invés de impor a ele sistemas que nem sempre o atendiam. Ocorreu também uma rápida absorção desta nova forma de trabalhar, fazendo com que o conceito de empresa pública lenta e ineficiente fosse visto de forma diferente pelos seus clientes.

Conforme Biesada (1991), o benchmarking é uma poderosa ferramenta no sentido de se atingir metas de aprendizado. O desafio do aprendizado, segundo ela, propõe um caminho para promover nas empresas um processo de instrução contínuo que reveja constantemente sua atuação competitiva.

Dentro deste contexto, a Prodemge tornou-se uma empresa competitiva no mercado visto ter passado a trabalhar com um parque computacional moderno e também ter se tornado ágil no tocante ao atendimento de seus clientes.

O processo de implantação e uso do PSI demonstrou ser contínuo, o que vale dizer, os resultados obtidos são sempre comparados com aqueles previstos e qualquer desvio do planejado é prontamente avaliado e repensado.

Outro fator para efeito de manutenção da continuidade do benchmarking, é a avaliação dos resultados obtidos em conjunto com técnicos da Celepar, com o intuito de se ter certeza de que a Prodemge encontra-se no caminho adequado. A experiência dos técnicos da Celepar é levada em consideração para efeito de correção de rota, se necessário.

Com base na análise e nas conclusões deste trabalho recomenda-se, para o enriquecimento da relação estudada, a realização de novos estudos na área, tais como:

- A aplicação do benchmarking em outras organizações de natureza similar, para uma possível análise comparativa dos resultados obtidos.
- A análise da aprendizagem organizacional gerada através do benchmarking, o que significa dizer que os estudos comparativos com outras empresas permitem avaliar uma unidade temporal para a realização de novo processo de benchmarking.
- A pesquisa do benchmarking na flexibilidade organizacional, devido ao fato de que esta técnica possibilita novas formas de trabalhar, ao mesmo tempo em que torna rígidos alguns procedimentos.
- Uma avaliação constante da aplicação da aprendizagem obtida pelos funcionários, no intuito de se evitar mau uso ou uso equivocado da técnica implantada na empresa.

Referências Bibliográficas

ALLEE, V. The Knowledge evolution - expanding organizational intelligence. Newton: Butterwarth-Hernemanm, 1997.

AMBONI, N. Organizational Learning New York Addisson Wesley, 1997.

ANTONELLO, L. Benchmarking per le PMI Calabria Polaris Edittori, 2000.

ARGYRIS, Schôn. Theory in pratice. San Francisco Jessey Bars, 1992.

BARRET C, Learning and development: A crystal ball in the future; New York Addisson Wesley, 1995.

BRYNE, R. Benchmarking for continuous improvement in the public sector Chicago The Business Economist - volume 25, 1977.

CAMP, R. Benchmarking - O caminho da qualidade total. São Paulo: Pioneira, 1998.

COOKE, A. Benchmarking 101. San Francisco Jessey Bars, 1995.

DAVENPORT, T; PRUSAK, L. Conhecimento empresarial. Rio de Janeiro: Campus, 1998.

DREW, S. From knowledge to action: the impact of benchmarking an organization; Performance Long Range Planning, v. 30, n 3, pp 427, 441, 1997

IRVYNE, P. Dinâmica da pesquisa em ciências sociais. Rio de Janeiro: Francisco Alves, 1982.

ETZIONI, A. Organizações complexas: estudo das organizações em face dos problemas sociais. São Paulo, 1981.

FULMER; GIBBS; KEYS. The second generation learning organizations new tools for sustaining competitive advantage; Harvard Business Review, pp 60-74, 1994.

GARVIN, David. Building a learning organization. Harvard Business, Review pp. 78 92 1993.

GEUS, Arie de. The living company. Harvard Business School Press 1997.

GIBSON, J. Organizações: comportamento, estrutura, processos. São Paulo: Atlas, 1981.

GODOY, J Gerenciamento da rotina de trabalho do dia a dia; São Paulo Saraiva, 1995.

HALL, R. Organizações: estrutura e processos. Rio de janeiro: Prentice Hall do Brasil, 1984.

HUBER, G; MCDANIEL, R. The decision – making paradigm a organizational design. Management Science, v. 32, n 5, pp 572 589, 1986.

KEARNS, D. Xerox: Satisfying customer needs with a new culture. Management review, 1990.

LIEBFRIED, K; MCNAIR, C. Benchmarking – uma ferramenta para a melhoria continua. Rio de Janeiro: Campus, 1994.

LUDKE, M. Pesquisa em educação: abordagens qualitativas. São Paulo, 1985.

MCGILL, M; SLOCUM, J. A empresa mais inteligente. Rio de Janeiro: Campus, 1995.

MENACHOF, Waswnberg. The aplication of benchmarking techniques by road transport companies in the United Kingdom and the Netherlands – Transportation Journal – 2000.

MINTZBERG, H. The structuring of organizations. New Jersey: Engheword Cliffs, 1979.

MORLING; TANNER. Benchmarking a public service business management system – Total Quality Management – 2000.

MYERS, P. Knowledge management and organizational design. Newton: Butterworth Heinemanm, 1996.

NAISBITT, J. High tech – high touch. Editora Pensamento. São Paulo, 1990.

NOOLAN; GOODSTEIN; PFEIFFER. Create and maintain a learning Organization. Editora Campos São Paulo 1993.

PERROW, C. The analysis of goals in complex organizations, American Sociological Review, v. 32, n 2, pp 194, 208, 1967.

PRESTES Mota F; BRESSER Pereira, L. Introdução à organização burocrática. São Paulo: Brasiliense, 1980.

REVANS. A estrutura teórica do aprendizado da ação, São Paulo Makron Books 1980.

RICHARDSON J, Managing world class center New York Global Benchmarking Council, 1989.

SCHONBERGER, R. Building a chain of us towers. Prentice-Hall, 1990.

SENGE, P. Como liderar equipes que inovam. Revista Você, Editora Abril, n 12 pp 80, 87, junho de 1999.

SPENDOLINI, M. Benchmarking. São Paulo Makron Books 1993.

STONER, J; FREEMAN, R. Administração. Rio de Janeiro: Prentice-Hall do Brasil, 1992.

WATSON, G. Benchmarking estratégico. São Paulo:Makron, 1994.

WEICK, K. Westley Sensemaking in organizations. Thousands Oaks. California, 1995

WICK, Leon. O desafio do aprendizado. Nobel, 1982.

ZAIRI, M; LEONARD, P. Benchmarking prático – o guia completo. São Paulo: Atlas, 1995.

ZUBOFF, S Benchmarking and marketing - England Francis Glover Books, 1988.

Anexos

SIGLAS E ABREVIATURAS UTILIZADAS NO DOCUMENTO

APM - Superintendência do Arquivo Público Mineiro
BIRD - Banco Interamericano de Desenvolvimento
CELEPAR - Companhia de Informática do Paraná
FAOP - Fundação de Artes de Ouro Preto
FCS - Fundação Clóvis Salgado
IEPHA - Instituto Estadual do Patrimônio Histórico Artístico e Cultural de MG
IPSEMG - Instituto de Previdência Social do Estado de Minas Gerais
MGS - Minas Gerais Serviços
PRODEMGE - Companhia de Processamento de Dados do Estado de Minas Gerais
PSI - Plano Setorial de Informática
SEC - Secretaria de Estado da Cultura
SECOM - Secretaria de Estado das Comunicações
SEF - Secretaria de Estado da Fazenda
SEPLAN - Secretaria de Estado do Planejamento
SERHA - Secretaria de Estado de Recursos Humanos
SETASCAD - Secretaria de Estado de Trabalho, de Assistência Social, da Criança e do Adolescente
SUB - Superintendência das Bibliotecas Públicas
SUM - Superintendência de Museus

PLANO SETORIAL DE INFORMATIZAÇÃO - PSI

1 - OBJETIVOS DO PSI

1.1 - Objetivo Geral

Estabelecer um plano de informatização alinhado às diretrizes e estratégias da Secretaria de Estado da Cultura e em perfeita sintonia e operacionalização com o Governo do Estado, além de fornecer subsídios para a elaboração da proposta orçamentária.

1.2 - Objetivos Específicos

- Proporcionar a disponibilidade de informações de maneira democrática;
- Viabilizar uma maior comunicação interna e externa, incluindo-se aí as suas vinculadas;
- Proporcionar maior agilidade nos processos de tomada de decisão;
- Proporcionar maior facilidade operacional para os técnicos, liberando-os para tarefas de análise e acompanhamento.

2 - CARACTERIZAÇÃO DA ORGANIZAÇÃO

2.2 - Missão da Organização

Legislação Básica

Lei nº 12.221, de 01 de Julho de 1996

Dispõe sobre a reestruturação da Secretaria de Estado da Cultura e dá outras providências.

Decreto nº 39.641, de 15 de junho de 1998

Define a competência da Secretaria de Estado da Cultura e dá outras providências.

Finalidade e Competência

A *Secretaria de Estado da Cultura* tem por finalidade propor, coordenar, executar e acompanhar a Política Estadual de Cultura, competindo-lhe ainda:

I. fomentar e divulgar a cultura mineira em todas as suas expressões e em sua diversidade regional, promovendo a circulação de bens culturais, em consonância com as diretrizes definidas pelo Conselho Estadual de Cultura;

II. elaborar e executar planos, programas e projetos de pesquisa, documentação e divulgação das manifestações culturais;

III. promover a preservação do patrimônio cultural, histórico e artístico do Estado, incentivando o seu uso e a sua fruição pela comunidade;

IV. promover ações que visem à estimular o surgimento e o desenvolvimento de vocações artísticas;

V. estimular a pesquisa e a criação artística, promovendo a sua veiculação;

VI. apoiar e promover a instalação e a atuação de bibliotecas, museus, teatros e outras unidades culturais;

VII. promover a formação, o aperfeiçoamento e a qualificação de técnicos e agentes culturais;

VIII. articular-se com órgãos e entidades oficiais e agentes diversos da comunidade bem como relacionar-se com instituições nacionais e estrangeiras, com vistas ao intercâmbio e à cooperação culturais;

IX. incentivar a aplicação de recursos públicos e privados em atividades culturais, promovendo e coordenando a sua captação;

X. supervisionar e coordenar, por meio do Instituto Estadual do Patrimônio Histórico e Artístico de Minas Gerais - IEPHA, o levantamento e o cadastramento do patrimônio cultural, histórico e artístico do Estado, com vistas à sua preservação, proteção e adequada utilização pela comunidade.

2.3 - Distribuição Geográfica

Secretaria de Estado da Cultura - Sede - composta de:

- Palacete Dantas com frente para a avenida Cristovão Colombro, 157
- Solar Narbona com frente para a Rua Santa Rita Durão
- Casa Amarela no pátio interno atrás do Solar

- Barracão no pátio interno atrás do Palacete.

Obs: Estes 4 prédios possuem comunicação interna.

Superintendência de Bibliotecas Públicas – composta de:
- Prédio Principal situado na Praça da Liberdade, 21;
- Anexo situado na Rua da Bahia, 1889;
- Bibliotecas Sucursal 3 situada no Bairro Renascença, Praça Muqui, 89, Cep: 31.130-520, fone-269-1120;
- Biblioteca Sucursal 4 situada no Bairro das Indústrias, avenida Presidente Costa e Silva, 453, Cep:30.620-000, fone- 269-1166, ramal 1121;
- Biblioteca Sucursal 2 situada no Bairro São Cristovão, situada na Praça Corrêa Neto, conjunto Iapi, Cep: 31.210-000, fone- 269-1000 Ramal 1123;
- Hemeroteca Pública de Minas Gerais situada na avenida Assis Chateaubriand, 167, Cep: 30.150-100, fone-269-1085

Superintendência Arquivo Público Mineiro – composto de:
- Prédio Principal situado na Av. João Pinheiro, 372
- Anexo situado nos fundos do prédio principal

Superintendência de Museus – composto de:
- Prédio Principal situado na Av. João Pinheiro, 342
- Anexo situado nos fundos do prédio principal
- Museu Casa de Guimarães Rosa situado na cidade de Cordisburgo
- Av. Padre João, 744, cep. 35780000 fone 715-1292
- Museu Casa de Guignard situado na cidade de Ouro Preto
- Rua Direita, 110 cep 35.400.000 – fone – 551-2014
- Museu Casa de Alphonsus de Guimarães situado na cidade de Mariana
- Rua Direita, 35 cep. 35.420.000

ÓRGÃOS VINCULADOS
Fundação de Arte de Ouro Preto – FAOP
Ouro Preto
Fundação Clóvis Salgado – FCS
Av.Afonso Pena, n∞1537 – Belo Horizonte
Instituto Estadual do Patrimônio Histórico e Artístico de Minas Gerais
– IEPHA – MG
Praça da Liberdade, 317 - Belo Horizonte

3. ABRANGÊNCIA

O atual cenário de apoio à cultura no Brasil tem impulsionado um interesse crescente pelos órgãos que detêm informações sobre a nossa história, a nossa arte, os nossos artistas, os nossos espaços, a nossa música, enfim tudo aquilo que possa contribuir para a produção de um bom projeto cultural.

Ao mesmo tempo, a própria Secretaria de Cultura precisa conhecer todo o seu acervo em todas as suas expressões e diversidade regional, de forma a elaborar suas próprias produções culturais e divulgação da cultura mineira.

A diversidade cultural existente em suas áreas e nas suas vinculadas nos sugerem uma **abrangência em torno da formulação de uma política pública para o tratamento e conservação de acervos, da integração destes e na disponibilização dos mesmos para a comunidade**. Portanto, é necessária uma comunicação interna ágil para facilitar e agilizar a elaboração de novos projetos e ações culturais, tendo a possibilidade de disponibilizá-los ao público dentro de tecnologia exigida e praticada pelo mesmo.

3.1 - Áreas/Funções/Projetos

Áreas	Funções	Projetos
Superintendência de Ação Cultural	Promover e executar os planos, programas e projetos de natureza cultural e artística, em conformidade com as diretrizes do Plano Estadual de Cultura, de que trata o artigo 66 da Lei nº 11.726, de 30 de dezembro de 1994,	Divulgação do Censo Cultural
Arquivo Público Mineiro	Executar a gestão, o recolhimento, a guarda e a preservação do acervo arquivístico da Administração Pública Estadual e dos documentos privados de interesse público	Proteção dos documentos originais e fotos com facilidade de acesso ao cidadão
Superintendência de Bibliotecas Públicas	Gerenciar e avaliar a execução de planos, programas, projetos e atividades voltados para a implantação, modernização e dinamização de bibliotecas públicas.	Modernização da Biblioteca Pública
Superintendência de Museus	Preservar e difundir a cultura e a memória de Minas Gerais através da ação dos museus subordinados e propor políticas que visem à ampliação, ao incentivo e ao desenvolvimento das atividades museológicas, bem como à conservação e restauração de bens culturais móveis	Difusão da Cultura através da divulgação do Acervo do Museu Mineiro e dos museus vinculados
Superintendência de Publicações e do Suplemento Literário de Minas Gerais	Programar e supervisionar as atividades de publicações culturais da Secretaria e de edição e difusão do Suplemento Literário de Minas Gerais	Divulgação das Publicações e Ampliação do número de Assinantes

3.2 - Justificativa da Abrangência

É muito ampla a lista de produtos que a SEC, suas superintendências e vinculadas podem oferecer à comunidade e ao cidadão. Porém, nesta primeira versão do PSI, foram contemplados os projetos da organização, descritos anteriormente, que vão viabilizar a integração das informações e, conseqüentemente, a melhoria das informações disponíveis ao cidadão.

4. DIAGNÓSTICO DA SITUAÇÃO ATUAL

4.1 – Macroprocessos

Macroprocesso	Unidade(s) Executora(s)	Unidade(s) / Instituições Envolvida(s)	Previsto/ Em Execução
Elaboração e acompanhamento dos projetos de mudanças físicas	Assessoria de Planejamento e Coordenação	Assessoria de Planejamento e Coordenação	Em execução
Elaboração, especificação e controle dos formulários, representações gráficas e outros impressos	Assessoria de Planejamento e Coordenação	Assessoria de Planejamento e Coordenação	Em execução
Elaboração e implantação de sistema de acompanhamento e avaliação dos planos, programas, projetos e das atividades da Secretaria	Assessoria de Planejamento e Coordenação	Assessoria de Planejamento e Coordenação	Em execução
Acompanhamento da execução dos convênios, contratos e similares, fornecendo subsídios às unidades na gestão técnica, orçamentária, financeira e administrativa.	Assessoria de Planejamento e Coordenação	Assessoria de Planejamento e Coordenação	Em execução
Execução e coordenação das atividades referentes à seleção de estagiários	Superintendência de Administração e Finanças	Superintendência de Administração e Finanças	Em execução
Execução das atividades de administração de material permanente e de consumo	Superintendência de Administração e Finanças	Superintendência de Administração e Finanças	Em execução

Macroprocesso	Unidade(s) Executora(s)	Unidade(s) / Instituições Envolvida(s)	Previsto/ Em Execução
Execução das atividades de controle do patrimônio mobiliário e imobiliário	Superintendência de Administração e Finanças	Superintendência de Administração e Finanças	Em execução
Programação e controle das atividades de transportes e de guarda e manutenção dos veículos	Superintendência de Administração e Finanças	Superintendência de Administração e Finanças	Em execução
Gerencia do arquivo administrativo e técnico do órgão, em conformidade com as diretrizes estabelecidas pelo Arquivo Público Mineiro e o Conselho Nacional de Arquivos - CONARQ	Superintendência de Administração e Finanças	Superintendência de Administração e Finanças	Em execução
Supervisão e execução dos serviços de protocolo, de comunicação e reprografia;	Superintendência de Administração e Finanças	Superintendência de Administração e Finanças	Em execução
Supervisão dos serviços de zeladoria, vigilância, limpeza, copa e manutenção de equipamentos e instalações	Superintendência de Administração e Finanças	Superintendência de Administração e Finanças	Em execução
Acompanhamento da execução financeira dos instrumentos legais	Superintendência de Administração e Finanças	Superintendência de Administração e Finanças	Em execução
Controle das prestações de contas de diárias de viagem, adiantamentos e repasses de recursos efetuados	Superintendência de Administração e Finanças	Superintendência de Administração e Finanças	Em execução
Difusão e fomento da produção artística estadual	Superintendência de Ação Cultural	Superintendência de Ação Cultural	Em execução

Macroprocesso	Unidade(s) Executora(s)	Unidade(s) / Instituições Envolvida(s)	Previsto/ Em Execução
Coleta, organização e disponibilização de informações da área cultural para os usuários	Superintendência de Ação Cultural	Superintendência de Ação Cultural	Em execução
Manutenção da atualização do banco de dados proveniente do Censo Cultural do Estado	Superintendência de Ação Cultural	Superintendência de Ação Cultural	Em execução
Coordenação e implementação programas culturais de caráter permanente nas diversas regiões do Estado	Superintendência de Ação Cultural	Superintendência de Ação Cultural	Em execução
Promoção de eventos e concessão de incentivo, visando à estimular a produção artística de grupos e produtores culturais	Superintendência de Ação Cultural	Superintendência de Ação Cultural	Em execução
Promoção de incentivos visando à criação de associações e sociedades civis artístico-culturais, em níveis regional e municipal	Superintendência de Ação Cultural	Superintendência de Ação Cultural	Em execução
Manutenção, atualização e divulgação das informações culturais relevantes para a Secretaria e para o público	Superintendência de Ação Cultural	Superintendência de Ação Cultural	Em execução
Cadastramento, manutenção e assessoramento das entidades culturais do Estado	Superintendência de Ação Cultural	Superintendência de Ação Cultural	Em execução
Emissão de certificados de cadastramento e atestados	Superintendência de Ação Cultural	Superintendência de Ação Cultural	Em execução

Macroprocesso	Unidade(s) Executora(s)	Unidade(s) / Instituições Envolvida(s)	Previsto/ Em Execução
para fim de recebimento de subvenção social			
Identificação, formulação, manutenção e acompanhamento da execução de planos, programas, projetos de natureza cultural e artística	Superintendência de Ação Cultural	Superintendência de Ação Cultural	Em execução
Execução da gestão, do recolhimento, da guarda e a preservação do acervo arquivístico da Administração Pública Estadual e dos documentos privados de interesse público	Arquivo Público Mineiro	Arquivo Público Mineiro	Em execução
Execução de um programa de organização do acervo, tendo em vista o arranjo e a descrição dos documentos públicos e privados em seus diferentes suportes	Arquivo Público Mineiro	Arquivo Público Mineiro	Em execução
Prestação de informações ao público e apoio às atividades de consulta, garantindo o acesso aos documentos	Arquivo Público Mineiro	Arquivo Público Mineiro	Em execução
Gerenciamento dos depósitos de documentos fotográficos, iconográficos, sonoros e de cinema e vídeo	Arquivo Público Mineiro	Arquivo Público Mineiro	Em execução
Orientação e supervisão dos órgãos e entidades da Admi-	Arquivo Público Mineiro	Arquivo Público Mineiro	Em execução

Macroprocesso	Unidade(s) Executora(s)	Unidade(s) / Instituições Envolvida(s)	Previsto/ Em Execução
nistração Pública Estadual na elaboração do Plano de Classificação por Assunto, visando à organização dos arquivos correntes, à confecção de Tabela de Temporalidade e à destinação dos documentos administrativos			
Administração Pública Estadual com instrumentos normativos concernentes à produção, tramitação, organização, uso e avaliação dos documentos, com o objetivo de implementação de sua gestão	Arquivo Público Mineiro	Arquivo Público Mineiro	Em execução
Realização das atividades relacionadas ao processamento técnico dos documentos que aguardam destinação final em depósito de armazenagem temporária	Arquivo Público Mineiro	Arquivo Público Mineiro	Em execução
Identificação, coleta e processamento de informações sobre serviços e acervos arquivísticos estaduais, visando ao controle da gestão dos documentos produzidos e acumulados e não recolhidos ao Arquivo Público Mineiro	Arquivo Público Mineiro	Arquivo Público Mineiro	Em execução

Macroprocesso	Unidade(s) Executora(s)	Unidade(s) / Instituições Envolvida(s)	Previsto/ Em Execução
Avaliação, registro, descrição, classificação, catalogação e disseminação do acervo bibliográfico e as publicações produzidas pela Administração Pública Estadual, mantendo catálogos com informações atualizadas para a elaboração de pesquisas bibliográficas	Arquivo Público Mineiro	Arquivo Público Mineiro	Em execução
Gerenciamento e execução das atividades de preservação, restauração, encadernação e reprodução micrográfica e fotográfica de documentos e outras tecnologias	Arquivo Público Mineiro	Arquivo Público Mineiro	Em execução
Gerenciamento e avaliação da execução de planos, programas, projetos e atividades voltados para a implantação, modernização e dinamização de bibliotecas públicas no Estado	Superintendência de Bibliotecas Públicas	Superintendência de Bibliotecas Públicas	Em execução
Articulação, com órgãos federais, estaduais e municipais competentes e organizações afins, visando à criação e dinamização de bibliotecas públicas no Estado	Superintendência de Bibliotecas Públicas	Superintendência de Bibliotecas Públicas	Em execução
Organização e manutenção de bancos de dados dos projetos da Diretoria, para	Superintendência de Bibliotecas Públicas	Superintendência de Bibliotecas Públicas	Em execução

Macroprocesso	Unidade(s) Executora(s)	Unidade(s) / Instituições Envolvida(s)	Previsto/ Em Execução
fins de análise, planejamento e definição das ações de extensão cultural			
Promoção do acesso à leitura, principalmente em áreas carentes e periféricas, através de bibliotecas móveis e espaços alternativos de leitura	Superintendência de Bibliotecas Públicas	Superintendência de Bibliotecas Públicas	Em execução
Planejamento, implantação, acompanhamento e avaliação dos programas e projetos comunitários, articulando-se com instituições, associações e grupos representativos das comunidades envolvidas	Superintendência de Bibliotecas Públicas	Superintendência de Bibliotecas Públicas	Em execução
Promoção e incentivo às atividades culturais e recreativas para o público em geral, atendendo por meio de atividades e recursos técnicos adequados, grupos especiais de usuários	Superintendência de Bibliotecas Públicas	Superintendência de Bibliotecas Públicas	Em execução
Planejamento, organização e execução das tarefas necessárias ao desempenho do serviço de empréstimos de seu acervo	Superintendência de Bibliotecas Públicas	Superintendência de Bibliotecas Públicas	Em execução
Formulação, implementação e avaliação da execução da	Superintendência de Bibliotecas	Superintendência de Bibliote-	Em execução

Macroprocesso	Unidade(s) Executora(s)	Unidade(s) / Instituições Envolvida(s)	Previsto/ Em Execução
política de informatização e processamento técnico e dos programas de acesso a bases de dados nacionais e internacionais em uso na Superintendência de Bibliotecas Públicas e no Sistema Estadual de Bibliotecas Públicas	Públicas	cas Públicas	
Preservação, conservação e restauração dos bens móveis integrantes do patrimônio museológico do Estado sob a guarda de suas unidades subordinadas.	Superintendência de Museus	Superintendência de Museus	Em execução
Promoção e incentivo às ações de caráter educativo voltadas para a valorização e promoção do patrimônio cultural, em parcerias com escolas e demais organizações de educação	Superintendência de Museus	Superintendência de Museus	Em execução
Programação e coordenação dos trabalhos de edição, difusão e distribuição do Suplemento Literário de Minas Gerais e de outras publicações editadas pela Secretaria;	Superintendência de Publicações e do Suplemento Literário de Minas Gerais	Superintendência de Publicações e do Suplemento Literário de Minas Gerais	Em execução

Observação: Foram relacionados os macroprocessos das áreas meio que estão envolvidos no projeto de racionalização/tramitação/padronização de documentação.

4.2 - Sistemas de Informações Existentes

Sistema de Informação	Plataforma Básica	LocalProcessamento	Utilização (Unidades/Órgãos)	Situação Atual
Banco de Dados Culturais	Novell(clipper)	DPICD	SEC, Entidades Públicas e privadas	Migração
Home Page	Internet	PRODEMGE	SEC, Entidades Públicas e privadas	Implementação
Banco de Projetos (Lei Estadual de Incentivo à Cultura)	Micro(access)	DPAE	SEC	Desenvolvimento
Banco de Projetos apresentados para Fomento	Micro(access)	DDCAR	SEC	Desenvolvimento
Cadastro de Entidades Culturais de MG	Micro(excell)	DPICD	SEC	Produção
Mail (pessoas físicas e jurídicas) para correspondências diversas	Micro(word)	ASCOM	SEC	Produção
Banco de Dados de Pessoas Físicas, Jurídicas e Docentes dos Cursos (Programa Oficina de Cultura)	Micro(access)	SAC	SEC	Produção
Cadastro de Pessoal	Micro(dbase)	DP	SEC	Migração
Sistema de Patrimônio	Micro(clipper)	DO	SEC	Produção
Sistema de Controle de Estoque	Micro(clipper)	DO	SEC	Produção
Sistema Integrado de Administração Financeira (SIAFI)	Mainframe	PRODEMGE	SEC	Produção
Sistema Integrado de Protocolo (SIPRO)	Mainframe	PRODEMGE	SEC	Produção

Sistema de Informação	Plataforma Básica	Local Processamento	Utilização (Unidades/Órgãos)	Situação Atual
Sistema de Administração de Pessoal (SISAP)	Mainframe	PRODEMGE	SEC	Desenvolvimento/ Produção
Sistema de Programação, Acompanhamento e Avaliação das Ações Governamentais (SIPAG)	Mainframe	PRODEMGE	SEC	Desenvolvimento
Correio Eletrônico (POST)	Mainframe	PRODEMGE	SEC	Produção

Sistema de Informação	Plataforma Básica	Local Processamento	Utilização (Unidades/Órgãos)	Situação Atual
Banco de Dados Bibliográficos	Micro (microisis)	SUB	SEC	Produção
Catálogo Coletivo da Coleção Mineiriana	Micro (access)	SUB	SEC	Produção
Cadastro das Bibliotecas Públicas do Interior	Micro (access)	SUB	SEC	Produção
Banco de Dados de Cartografia	Micro (access)	APM	SEC	Produção
Catálogo de Livros e Periódicos	Micro (microisis)	APM	SEC	Produção
Mail (Distribuição Suplemento Literário)	Micro (dbase)	SPSLMG	SEC	Produção
Acervo Bibliográfico	Micro	SUB	Público em geral	Produção

4.3 - TECNOLOGIA DISPONÍVEL

HARDWARE

Código	Descrição	Quantidade Próprio	Quantidade Prodemge
01.03	Terminal	02	03
02.02	PC-486	20	05
02.04	PC-Pentium (60 Mhz a 266 Mhz)	22	03
04.02	Impressora Jato de Tinta - 8 ppm	20	11
04.05	Impressora Matricial - 9 pinos	05	06
04.06	Impressora Laser – 10 ppm	01	02
05.05	Scanner SCSI A4 (com/sem alimentador)	03	01
05.06	Estabilizador	23	14
05.07	No-Break	01	01
05.12	Placa de Fax/Modem	00	03
06.02	Modem	00	02
06.05	Roteador 1 Lan 2 Wan	01	01
06.09	Hub	02	00
07.03	Servidor MS-Windows NT (1 processador)	00	01
07.05	Servidor Novell Netware (1 processador)	00	01
08.03	Relógio de Ponto Eletrônico	00	02

SOFTWARE

Código	Descrição	Quantidade de Licenças
01.01.02	Administração - Carbon Copy (32 bits)	01
02.01.04	Antivírus estação - Viruscan	30
05.06.01	Pacote – MS-Office Professional	12
10.01.04	MS-Windows 9x	11
10.02.02	MS-Windows NT WorkStation	01
11.02.03	Gráfico - Corel Draw	01
11.02.05	Gráfico - Adobe PhotoShop	01
11.02.13	Editoração - PageMaker	02

COMUNICAÇÃO DE DADOS

Local	Código	Especificação	Quantidade	
			Prodemge	Outros
Av. João Pinheiro, 342	01.02	LP até 19,2 Kbps (custo mensal)	1	
Av. João Pinheiro, 342	01.03	LP de 64 Kbps (custo mensal)	1	
Praça da Liberdade	01.09	Anel Ótico (custo mensal)	1	
Av. Cristovão Colombro,157	01.09	Anel Ótico (custo mensal)	1	
	01.10	Endereço SNA via TCP/IP (custo mensal)	5	
	01.12	Endereço SNA (custo mensal)	2	
	01.14	Manutenção de e-mail institucional (custo mensal)	14	

4.4 - CAPACITAÇÃO DOS USUÁRIOS

4.4.1 - Capacitação Atual

Código	Software	Número de Pessoas
03.01.01	Editor de Texto Básico	10
04.01.01	SGBDR Desktop Básico	1

4.4.2 - Necessidade de Treinamento (em 2001)

TREINAMENTO

Código	Descrição	Preço Por Aluno	Número de Alunos	Valor Total Estimado
03.01.01	Editor de Texto Básico	177,00	20	3.540,00
03.02.01	Planilha Eletrônica Básico	177,00	20	3.540,00

Código	Descrição	Preço Por Aluno	Número de Alunos	Valor Total Estimado
03.03.01	Ferramenta p/ Construção de Apresentação Básico	120,00	5	600,00
10.03	Sistema Operacional Administração	177,00	4	708,00
11.01	Software p/ Editoração Gráfica	270,00	5	1.350,00
13.01.01	Conceitos Básicos Internet p/ Usuário	120,00	10	1.200,00
13.02.01	Conceitos de Internet p/ Desenvolvedor	200,00	2	400,00
13.02.02	Internet Básico p/ Desenvolvedor	305,00	2	610,00
13.02.03	Internet Intermediário p/ Desenvolvedor	1.100,00	2	2.200,00
TOTAL			70	14.148,00

4.5 - RECURSOS HUMANOS TÉCNICOS DEDICADOS (EM INFORMÁTICA)

Recursos	USI			Prodemge
	Próprio	Prodemge	Outros	
CONSULTOR		1		
ADMINISTRADOR DE REDE	3			

5 - BASES DE DADOS

Nome da Base de Dados	Abrangência	Volume	Gestor	Utilização	Situação/ Local
Usuários	CO	50.000 registros	SEC/SUB	SEC/SUB	Em desenv. SEC/SUB
Periódicos	CO	5.000 registros	SEC/SUB	Público em Geral	Em desenv. SEC/SUB
Censo Cultural	CO/E	35.000 registros	SEC/SAC/ DPICD	Público em Geral	Em desenv. SEC/SAC/ DPICD
Projetos(Leis de Incentivo)	CO		SEC/SAC	Público em Geral	Em desenv.
Docentes	CO		SEC/SAC	SEC	Produção
Acervo bibliográfico	CO	300.000 livros	SEC/SUB	Público em Geral	Produção
Acervo da Coleção Mineiriana	CO	10.000 livros	SEC/SUB	Público em Geral	Produção
Acervo Cartográfico	CO		SEC/ APM	Público em Geral	Produção
Bens Culturais Móveis	CO		SEC/ SUM	Público em Geral	Planejada
Acervo de documentos originais / fotos	CO		SEC/ APM	Público em geral	Planejada

Abrangência:
CE - Corporativa do Estado; CO - Corporativa do Órgão; D - Departamental; E - Externa

6 - PROPOSIÇÃO CONCEITUAL DA SOLUÇÃO

6.1 - Resumo da Solução Proposta

Atendendo a abrangência desta primeira versão do PSI estamos propondo:

- **Complementação/atualização/continuidade do Projeto tecnológico**, datado de 18 de dezembro de 1998, passando a abranger todas as superintendências e seus anexos e vinculadas através da expansão da rede e da interligação por links centralizados na PRODEMGE

- **Modernização/complementação do Projeto de Automação da Biblioteca Pública** substituindo o Sistema de Cadastramento do Acervo Bibliográfico por um sistema integrado e extremamente confiável (utilizado pelas maiores bibliotecas do Brasil).

- **Criação de um Banco de Imagens** proporcionando a preservação e a democratização do acesso à memória fotográfica da Cidade e do Estado, que está sob a guarda do Arquivo Público Mineiro.

- **Projeto de Racionalização/Tramitação/Padronização da Documentação** visando à adequar/padronizar os fluxos e documentos da SEC e suas vinculadas.

- **Censo Cultural - Atualização/disponibilização** com o objetivo de dar continuidade ao trabalho iniciado em 1993/1994 que constou de uma pesquisa de base, através da aplicação de 37 questionários no âmbito das Prefeituras Municipais do interior e 34 questionários na capital(1996), compondo um base riquíssima de dados.

6.2 – Especificação e Orçamento dos Componentes (em 2001)

Projeto	Hardware				
	Código	Especificação	Qtde	Valor Unitário Estimado	Valor Total Estimado
Projeto Ano 2000	02.05	PC-Pentium II 300 Mhz	10	3.000,00	30.000,00
Gestão Governamental	02.05	PC-Pentium II 300 Mhz	4	3.000,00	12.000,00
	04.01	Impressora Jato de Tinta - 5 ppm	2	600,00	1.200,00
	06.05	Roteador 1 Lan 2 Wan	1	6.600,00	6.600,00
	06.07	Dumb hub 8p	1	300,00	300,00
	07.10	Servidor (Projeto Gestão Governamental)	1	9.000,00	9.000,00
Projeto Tecnológico (Complementação)	02.05	PC-Pentium II 300 Mhz	25	3.000,00	75.000,00
	02.10	Notebook	1	7.500,00	7.500,00
	04.02	Impressora Jato de Tinta - 8 ppm	5	920,00	4.600,00
	04.03	Impressora Laser - 16 ppm	1	5.000,00	5.000,00
	05.10	Projetor multimídia	1	8.200,00	8.200,00
	06.05	Roteador 1 Lan 2 Wan	1	6.600,00	6.600,00
	06.09	Hub	6	1.600,00	9.600,00
Automação da Biblioteca Pública	02.05	PC-Pentium II 300 Mhz	25	3.000,00	75.000,00
	04.02	Impressora Jato de Tinta - 8 ppm	5	920,00	4.600,00
	04.04	Impressora Matricial - 24 pinos	3	1.550,00	4.650,00
	05.06	Estabilizador	25	180,00	4.500,00
	05.12	Placa de Fax/Modem	2	153,00	306,00
	06.09	Hub	1	1.600,00	1.600,00
	07	Servidor	1	14.000,00	14.000,00
	08.04	Leitora Ótica de Marcas	6	200,00	1.200,00

Projeto	Hardware				
	Código	Especificação	Qtde	Valor Unitário Estimado	Valor Total Estimado
Banco de Imagens	02.06	PC-Pentium II 350 Mhz (multimídia)	6	3.400,00	20.400,00
	04.02	Impressora Jato de Tinta - 8 ppm	5	920,00	4.600,00
	05.02	Unidade de Fita DAT Externa 8 GB	1	1.400,00	1.400,00
	05.04	CD-WROM	1	2.000,00	2.000,00
	05.05	Scanner SCSI A4 (com/ sem alimentador)	2	1.500,00	3.000,00
	06.09	Hub	1	1.600,00	1.600,00
	07	Servidor	1	14.000,00	14.000,00

Projeto	Software				
	Código	Especificação	Qtde	Valor Unitário Estimado	Valor Total Estimado
Projeto Ano 2000	01.01	Administração / Segurança	1	2.000,00	2.000,00
	01.03	Compactador	20	100,00	2.000,00
	02.01	Antivírus Estação	28	100,00	2.800,00
	05.05	Pacote Básico de Automação de Escritório	38	780,00	29.640,03
	10.02	Licença de Sistema Operacional	38	59,00	2.242,00
	10.03	Sistema Operacional para Servidor	1	1.500,00	1.500,00
	11.01	Software CAD	1	5.000,00	5.000,00
	11.02	Software de Editoração / Software Gráfico	12	1.017,14	12.205,68

Projeto	Software				
	Código	Especificação	Qtde	Valor Unitário Estimado	Valor Total Estimado
Gestão Governamental	01.01	Administração / Segurança	1	2.000,00	2.000,00
	01.01	Administração / Segurança	1	240,00	240,00
	02.02	Antivírus Servidor (10 usuários)	1	1.000,00	1.000,00
	05.05	Pacote Básico de Automação de Escritório	4	780,00	3.120,00
	05.07	Software de Planejamento	4	1.000,00	4.000,00
	05.10	WorkFlow Cliente	4	100,00	400,00
	05.11	WorkFlow Servidor	1	1.500,00	1.500,00
	10.02	Licença de Sistema Operacional	4	59,00	236,00
	10.03	Sistema Operacional para Servidor	1	1.500,00	1.500,00
Projeto Tecnológico (Complementação)	02.02	Antivírus Servidor (10 usuários)	3	1.000,00	3.000,00
	05.05	Pacote Básico de Automação de Escritório	25	780,00	19.500,00
	06.01	SGBD Servidor	1	3.280,00	3.280,00
	06.02	SGBD Cliente	18	440,00	7.920,00
	10.02	Licença de Sistema Operacional	25	59,00	1475,003
Automação da Biblioteca Pública	02.02	Antivírus Servidor (10 usuários)	3	1.000,00	3.000,00
	05.05	Pacote Básico de Automação de Escritório	15	780,00	11.700,00
	05.06	Pacote Completo de Automação de Escritório	10	890,00	8.900,00

Projeto	Software				
	Código	Especificação	Qtde	Valor Unitário Estimado	Valor Total Estimado
	06.01	SGBD Servidor	1	3.280,00	3.280,00
	06.02	SGBD Cliente	10	440,00	4.400,00
	07.01	Linguagem / Ambiente de Desenvolvimento	1	1.299,44	1.299,44
	10.02	Licença de Sistema Operacional	25	59,00	1.475,00
	10.03	Sistema Operacional para Servidor	1	5.065,00	5.065,00
Banco de Imagens	02.02	Antivírus Servidor (10 usuários)	1	1.000,00	1.000,00
	05.05	Pacote Básico de Automação de Escritório	6	780,00	4.680,00
	06.01	SGBD Servidor	1	3.280,00	3.280,00
	06.02	SGBD Cliente	6	440,00	2.640,00
	07.01	Linguagem / Ambiente de Desenvolvimento	1	1.299,44	1.299,44
	10.02	Licença de Sistema Operacional	6	59,00	354,00
	10.03	Sistema Operacional para Servidor	1	5.065,00	5.065,00
	11.02	Software de Editoração / Software Gráfico	4	1.017,14	4.068,56

Projeto	Mobiliário Para Informática				
	Código	Descrição	Qtde	Valor Unitário Estimado	Valor Total Estimado
Gestão Governamental	01	Mesa para microcomputador	5	80,00	400,00
	02	Cadeira ergonômica	4	130,00	520,00
	03	Mesa para impressora	2	60,00	120,00
Projeto Tecnológico (Complementação)	01	Mesa para microcomputador	25	80,00	2.000,00
	02	Cadeira ergonômica	25	130,00	3.250,00
	03	Mesa para impressora	6	60,00	360,00
Automação da Biblioteca Pública	01	Mesa para microcomputador	25	80,00	2.000,00
	02	Cadeira ergonômica	25	130,00	3.250,00
	03	Mesa para impressora	8	60,00	480,00
Banco de Imagens	01	Mesa para microcomputador	6	80,00	480,00
	02	Cadeira ergonômica	6	130,00	780,00
	03	Mesa para impressora	2	60,00	120,00

6.3 – PROJETOS

6.3.1 - Relação dos projetos (em 2001)

Projeto	Prioridade	Prazo Global (em meses)	Valor Estimado (em reais)	Fonte(s) de Recursos
Manutenção da Base Instalada - Prodemge	1	12	66.720,00	Tesouro
Manutenção da Base Instalada – outros fornecedores	1	12	30.000,00	Tesouro
Projeto Ano 2000	1	Até 30/11/99	87.387,71	Tesouro
Gestão Governamental	1		49.672,50	Tesouro
Projeto Tecnológico (Complementação)	1	8	180.569,00	Tesouro

Projeto	Priori-dade	Prazo Global (em meses)	Valor Estimado (em reais)	Fonte(s) de Recursos
Automação da Biblioteca Pública	1	16	367.998,78	Tesouro
Banco de Imagens	2	7	128.642,00	Tesouro
Racionalização/ Tramitação/ Padronização da Documentação	2	10	26.982,00	Tesouro
Censo Cultural	2	1	4.497,00	Tesouro
Treinamento	1	3	14.148,00	Tesouro
Internet – reformulação da Home Page	3	1	9.720,00	Tesouro

OBS.: O projeto Banco de Imagens está sendo submetido à aprovação da Lei de Incentivo Cultural Municipal e Federal para tentativa de patrocínio.

6.3.2 - Projetos e Serviços Associados (em 2001)

Projeto	Serviços Identificação	Precedência	Prazo	Valor Estimado (em reais)	Recomendação/Observação
Projeto Ano 2000	Aquisição de hardware, software e mobiliário	1	3 meses	87.387,71	
	Instalação de Hardware e Software	2	5 dias	0,00	Será feita pelo cliente
Gestão Governamental	Aquisição de hardware, software e mobiliário	1	3 meses	44.135,00	
	Instalação de Hardware e Software	2	5 dias	2.312,50	
	Instalação e Implantação da infra-estrutura de rede	1	5 dias	3.225,00	
	Implantação do Sistema de Acompanhamento de Programas Governamental	3	4 meses		*A ser definido posteriormente*

Projeto	Serviços Identificação	Precedência	Prazo	Valor Estimado (em reais)	Recomendação/Observação
Projeto Tecnológico (Complementação)	Especificação Técnica para aquisição	1	10 dias	1.680,00	
	Processo Licitatório	2	3 meses	1.479,00	
	Aquisição de hardware, software e mobiliário	2	3 meses	157.285,00	
	Recepção Técnica	2	15 dias	4.000,00	
	Instalação e Implantação de Hardware e Software	0	0	0,00	Será feita pelo cliente
	Instalação e Implantação da infra-estrutura de rede	3	45 dias	16.125,00	
Automação da Biblioteca Pública	Especificação Técnica para aquisição	1	10 dias	1.680,00	
	Processo Licitatório	2	3 meses	1.479,00	
	Aquisição de hardware, software e mobiliário	2	3 meses	150.705,44	
	Recepção Técnica	2	15 dias	4.000,00	
	Instalação e Implantação de Hardware e Software	0	0	0,00	Será feita pelo cliente
	Instalação e Implantação da infra-estrutura de rede	3	45 dias	21.285,00	
	Licenciamento	1	3 meses	130.512,08	
	Instalação/ Treinamento	2	1 mês	26.123,77	
	Conversão/carga dos dados	2	1 mês	9.337,01	
	Manutenção Anual	3	12 meses	22.876,48	

Projeto	Serviços Identificação	Precedência	Prazo	Valor Estimado (em reais)	Recomendação/ Observação
Banco de Imagens	Especificação Técnica para aquisição	1	10 dias	1.680,00	
	Processo Licitatório	2	3 meses	1.479,00	
	Aquisição de hardware, software e mobiliário	2	3 meses	70.767,00	
	Recepção Técnica	2	15 dias	4.000,00	
	Instalação e Implantação de Hardware e Software	0	0	0,00	Será feita pelo cliente
	Instalação e Implantação da infra-estrutura de rede	3	45 dias	7.740,00	
	Digitalização das Imagens	1	7 meses	7.000,00	
	Desenvolvimento/ implantação sistema	2	4 meses	35.976,00	
Tramitação/ Padronização da Documentação	O & M (levantamento/racionalização/proposta)	1	4 meses	8.994,00	
	Desenvolvimento do workflow	1	6 meses	17.988,00	
Censo Cultural	Implementação do Sistema	1	10 dias	4.497,00	
Treinamento	Aquisição de Treinamento	1	3 meses	14.148,00	
Internet – reformulação da Home Page	Implementação das páginas	3	1 mês	9.720,00	

6.3.3 - Descrição sumária dos Projetos

Projeto	Descrição Sumária
Manutenção da Base Instalada - Prodemge	O projeto refere-se à manutenção da informatização atual do órgão envolvendo diversos serviços prestados pela Prodemge, dos quais destacamos: assistência técnica, linhas de teleprocessamento, acesso a caixa postal, direito de uso de sistema, aluguel de equipamentos, endereços sna via tcp/ip, e-mail institucional alocação de área fixa, etc.
Manutenção da Base Instalada - outros fornecedores	O projeto refere-se à manutenção da informatização atual do órgão envolvendo diversos serviços prestados por outros fornecedores (exceto a Prodemge), dos quais destacamos: manutenção de equipamentos e compra de suprimentos.
Projeto Ano 2000	O projeto refere-se à adaptação de hardware e software na instituição para suportar o ano 2000.
Gestão Governamental	Trata-se de um projeto prioritário que viabilizará: Acompanhamento de Programas Governamentais, Provimento de Acesso Discado à Internet, Intranet Governo, Correio Eletrônico e Tramitação Eletrônica de Documentos para o nível estratégico: Secretário, Secretário Adjunto, Gabinete do Secretário e APC.
Projeto Tecnológico (Complementação)	A SEC, por suas dificuldades financeiras, vem implementando a sua rede de maneira gradativa e lenta, porém o grande avanço tecnológico e a própria escassez de recursos requerem o uso da informática para agilizar os processos e facilitar o trabalho dos funcionários, liberando-os de tarefas operacionais para as funções mais nobres de avaliação e decisão. Assim, torna-se urgente a complementação deste projeto interligando suas diversas áreas, dentro e fora da capital, e também, interligação com suas vinculadas. Buscamos então uma rede segura(hardware), que atenda às necessidades atuais e que esteja preparada para absorver tecnologias já consolidadas no mercado e ainda não utiliza-

Projeto	Descrição Sumária
	das na SEC, facilitando a sua comunicação com o cidadão e o mundo, de maneira rápida e segura. Este projeto possibilitará ainda, no futuro, a implementação de novas tecnologias, tais como: Internet (rede de comunicação universal); Intranet (rede de comunicação interna); Armazém de Informações (consolidação de informações de todas as bases de dados corporativas (ambiente IBM) e departamentais (FCS) dotando o nível estratégico da FCS e SEC de uma ferramenta de pesquisa on-line capaz de gerar relatórios, gráficos e/ou mapas com informações consolidadas de seus sistemas informacionais e realizar projeções, acelerando o processo decisório; Televisão sobre IP (para treinamento e divulgação); Voz sobre IP (integrando voz na rede, possibilitando a integração dos PABX e reduzindo custos com chamada telefônicas, fax, etc.; Vídeo-conferência sobre IP (possibilitando reuniões com grupos a longa distância).
Automação da Biblioteca Pública	A Superintendência de Biblioteca Pública – SUB já se encontra em processo de informatização participando da Rede de Catalogação Cooperativa Bibliodata (Calco) da Fundação Getúlio Vargas. Porém várias outras funções como catalogação, controle de autoridades, controle de empréstimos, sala de reserva, controle de periódicos, indexação analítica de periódicos, entrega de documentos, aquisição e controle de fundos, módulo de consulta via Internet, que facilitam e fazem parte do trabalho de uma biblioteca, devem ser desenvolvidas. O sistema proposto possui os padrões relevantes para sistemas de automação bibliográfica (MARC, Z39.50, ISSO-2709), e pode importar dados das principais bases de dados bibliográficos, tais como o Bibliodata, CCN, OCLC, Library of

Projeto	Descrição Sumária
	Congresse, Bristih Library, etc. É o sistema adotado pela rede Bibliodata/CALCO, de catalogação cooperativa, que representa uma solução bastante conveniente para a aquisição de registros bibliográficos de boa qualidade, a custo reduzido.
Banco de Imagens	O projeto prevê a cópia de preservação dos documentos fotográficos sob a guarda do APM e se fará sob a forma de um banco de imagens digitalizadas que será acessado por vários usuários, inicialmente dentro da Instituição, simultaneamente evitando o manuseio dos originais. Deverá suprir também os problemas referentes à reprodução devido à ausência de negativos pois, através da tecnologia digital, é possível obter cópias impressas ou em meio magnético com excelente qualidade. O projeto deverá prever: a digitalização dos documentos fotográficos existentes no APM; a elaboração de um catálogo: a elaboração de CD-ROM com fotos do acervo: a instalação de um ambiente operacional em rede, capaz de permitir o uso do sistema de informação e a continuidade do processo de digitalização de novas fotos em decorrência de novos recolhimentos; a capacitação do pessoal do APM para administrar o sistema e seu ambiente e dar continuidade ao processo de digitalização das novas fotos incorporadas ao acervo, bem como repassar esta experiência para outras instituições. Serão beneficiados os estudantes, fotógrafos, jornalistas, historiadores e o público em geral, pois deverão ter consultas por assunto, local, autoria, data e nome de pessoas diminuindo o acesso concorrente aos documentos e preservando o acervo. Este banco de imagens poderá ser ampliado para a Superintendência de Museus, FAOP, etc, completando assim o acervo da Cultura.

Projeto	Descrição Sumária
Racionalização/ Tramitação/ Padronização da Documentação	Este projeto prevê um estudo de todos os fluxos de documentos dentro do órgão e a adequação dos mesmos às funções de cada área com o objetivo de diminuir custos com xerox, arquivamento, etc, buscando dar maior agilidade aos processos da Cultura bem como diminuir a carga de preenchimentos manuais de formulários, liberando os funcionários para as funções de análise ao invés da operacional. Deverá ser utilizada uma ferramenta que utilizando a rede, permita a tramitação de documentos com autorizações e assinaturas eletrônicas (workflow). Pretende-se neste projeto incluir, também, os documentos técnicos e comunicações que envolvam as vinculadas.
Censo Cultural	Esta base foi recentemente reformulada e convertida para um banco de dados e precisa ser urgentemente atualizada para que não se perca o investimento feito até então. Os serviços que propomos nesta fase são os seguintes: criação de módulos estatísticos; divulgação via Internet. Como esta base possui muitos dados que dizem respeito ao turismo, seria interessante prever a sua utilização em rodoviárias, aeroportos, agências de viagem, consulados, etc. Isto após a atualização que poderá ser feita em parceria com a Secretaria de Turismo e o Instituto Estadual de Patrimônio Histórico, Artístico e Cultural.
Treinamento	Este projeto prevê a composição de turmas para treinamento nos softwares existentes e nos propostos de acordo com o item 4.4.2 deste trabalho.
Internet – reformulação da Home Page	A SEC já possui uma home-page que é muito simples e não engloba toda a grandiosidade do trabalho desta Secretaria. Existe hoje um grande interesse pela cultura como a preservação de identidade de um povo frente à globalização. Isto faz com que as páginas referentes à estes assuntos sejam

Projeto	Descrição Sumária
	hoje visitadas com frequência, principalmente por estrangeiros. Daí a necessidade de reformulação da home-page, agregando à ela, serviços de interesse público como inscrições em festivais, calendários de festas folclóricas, programação de eventos culturais, etc., incluindo também, as divulgações das publicações culturais da Secretaria a cargo da Superintendência de Publicações e do Suplemento Literário de Minas Gerais.
Banco de Imagens	Arquivos Públicos de outros Estados/ Museus

6.4 - PONTOS CRÍTICOS

- Escassez de recursos financeiros
- Falta de pessoal qualificado, principalmente na Superintendência de Biblioteca Pública
- Para que estes projetos sejam viabilizados é muito importante que a rede da Secretaria seja concluída, bem como que as redes de suas vinculadas sejam integradas para que possam compartilhar as mesmas bases, dando ao cidadão uma informação única, numa mesma linguagem.

7. ANEXOS

7.1 - CLASSIFICAÇÃO DOS PROJETOS PROPOSTOS

Projeto	Classificação	Código	Descrição
Manutenção da Base Instalada - Prodemge	Tema / Assunto	99.01	Manutenção Base Instalada
	Característica / Tipo	04.02	Base Instalada Prodemge
	Plataforma	02	Plataforma Baixa
Manutenção da Base Instalada – outros fornecedores	Tema / Assunto	99.01	Manutenção Base Instalada
	Característica / Tipo	04.01	Base Instalada Outros
	Plataforma	02	Plataforma Baixa
Projeto Ano 2000	Tema / Assunto	08.03	Estado-ano 2000

Projeto	Classificação	Código	Descrição
	Característica / Tipo	11.01	Internet
	Plataforma	02	Plataforma Baixa
Gestão Governamental	Tema / Assunto	08.02	Estado-gestão Governamental
	Característica / Tipo	16.01	Gestão Governamental
	Plataforma	02	Plataforma Baixa
Projeto Tecnológico (Complementação)	Tema / Assunto	98.01	Projeto Tecnológico
	Característica / Tipo	13.02	Projeto Tecnológico Hardware/ Software
	Plataforma	02	Plataforma Baixa
Automação da Biblioteca Pública	Tema / Assunto	05.01	Cultura
	Característica / Tipo	02.01	Aplicativo-desenvolvimento (Novo)
	Plataforma	02	Plataforma Baixa
Banco de Imagens	Tema / Assunto	05.01	Cultura
	Característica / Tipo	02.01	Aplicativo-desenvolvimento (Novo)
	Plataforma	02	Plataforma Baixa
Racionalização/ Tramitação/ Padronização da Documentação	Tema / Assunto	22.02	Comunicação-divulgação de Informações
	Característica / Tipo	14.03	Racionalização de Processos
	Plataforma	02	Plataforma Baixa
Censo Cultural	Tema / Assunto	22.02	Comunicação-divulgação de Informações
	Característica / Tipo	14.03	Racionalização de Processos
	Plataforma	02	Plataforma Baixa
	Característica / Tipo	14.03	Racionalização de Processos
Treinamento	Tema / Assunto	01.11	Administração-capacitação Informática
	Característica / Tipo	15.01	Treinamento
	Plataforma	02	Plataforma Baixa
Internet – reformulação da Home Page	Tema / Assunto	22.02	Comunicação-divulgação de Informações
	Característica / Tipo	11.01	Internet
	Plataforma	02	Plataforma Baixa

Luiz Eduardo de Mello Gomes é analista de sistemas, formado em Ciência da Computação pela UFMG e, Administração de Empresas pela PUC – MG. Pós-Graduado em Metodologia do Ensino do III grau pelo ICES. Mestre em Engenharia da Produção pela UFSC. Professor da FACE-FUMEC.

A presente edição foi composta pela Editora C/Arte em tipologia Palatino Roman 10,5, Rotis Sans Serife 10/ 11,5 e impressa pela Rona Editora em sistema *offset*, papel *Offset* 90g (miolo) e cartão supremo 250g (capa) com plastificação fosca.